Judith Panther
Deutschland schafft uns ab

Über die Autorin:

Judith Panther ist ein Pseudonym. Dahinter verbirgt sich eine Ärztin, die elf Jahre nach Kriegsende in einer Kleinstadt im Südwesten Deutschlands geboren wurde „als drittes von insgesamt zehn Kindern, denen ihre Eltern miteinander und nach der Scheidung jeweils noch mit einem anderen Partner das Leben geschenkt haben", so schreibt sie in diesem Buch über den Beginn eines Lebensweges, der eigenen Angaben zufolge, „mehr aus Lücken besteht, als aus Biographie" und sich streckenweise anfühlte, „wie eine Rallye auf abschüssigem Gelände in einer Seifenkiste ohne Bremse, ohne Licht und ohne Gurt". Sie selber hat drei Kindern das Leben geschenkt, das Abitur auf dem Zweiten Bildungsweg gemacht und im Alter von 36 Jahren noch angefangen, Medizin zu studieren, verrät aber niemandem, wie viele Semester sie dafür gebraucht hat ...

Mehr als 20 Jahre lang arbeitete sie neben Familie und Studium als Taxifahrerin, seit ihrer Approbation im Jahr 2004 als Ärztin in Kliniken, Hausarztpraxen und im Hausärztlichen Notdienst.

Seit 2013 besitzt sie die Anerkennung als Fachärztin für Allgemeinmedizin und plant derzeit den Aufbau einer Privatpraxis mit den Schwerpunkten Kryotherapie, Hyperbare Sauerstofftherapie, Homöopathie, Ernährungs- und Hormonberatung.

Judith Panther

Deutschland schafft uns ab

Eine Ärztin, Mutter und zunehmend desintegrierte Inländerin berichtet

Bibliografische Information der Deutschen Nationalbibliothek: Die Deutsche Nationalbibliothek verzeichnet diese Publikation in der Deutschen Nationalbibliografie; detaillierte bibliografische Daten sind im Internet über http://dnb.dnb.de abrufbar.

Illustration:
Judith Panther

Buchumschlag und Satz:
DigiBuchService, Hannover
www.digibuchservice.de

Herstellung und Verlag:
BoD – Books on Demand, Norderstedt

ISBN: 978-3-7481-1164-1

Für meine Kinder und Enkel,
meine Männer und ihre Frauen
… und Mike

Des Himmels Weg,
wie gleicht er dem Bogenspannen!
Was hoch ist, wird niedergedrückt,
was tief ist, nach oben gezogen.
Was zu viel ist, wird vermindert,
was unzureichend ist, wird aufgewogen.
So auch des Himmels Weg:
Er mindert das, was zu viel
und wiegt auf, was unzureichend ist.

Doch der Menschen Weg ist anders:
Sie mindern die, bei denen es nicht reicht
um es darzubringen denen, die zu viel haben.

TAO

Inhaltsverzeichnis

Vorwort zur dritten Auflage 10

Vorwort zur ersten Auflage 11

Hinweis 15

Kapitel 1 16

    Kleintiere statt Kleinkinder
    oder
    Wer Kinder in die Welt setzt soll sich keine mehr leisten können 16

Kapitel 2 26

    Same Procedure As Every (Wahl)-Year
    oder
    Warum Nichtwählen die bessere Alternative für Deutschland ist 26

Kapitel 3 34

    Laßt mich Arzt, ich bin durch!
    oder
    All You Can Treat 34

Kapitel 4 39

    Deutschland, Deine Schwerverbrecher
    oder
    Making A Murderer 39

Kapitel 5 44

    In Dubio Contra Reum
    oder
    Verhältnismäßig unverhältnismäßig 44

Kapitel 6 52

    Achtung, Obergrenze!
    oder
    Hör mal, wer da dämmert 52

Kapitel 7...**59**

Königreich Bayern und Freiheitlich Demokratische Grundordnung - eine
Geschichte voller Mißverständnisse
oder
Ist Deutschland noch ein sicheres Herkunftsland?..............................59

Kapitel 8...**69**

Während ich schlief
oder
How To Get Away With Murder 69

Kapitel 9...**76**

Deutsche Familie auf der Flucht
oder
Aus der Geschichte wieder nichts gelernt....................................76

Kapitel 10..**87**

Ende Gelände..87

Kapitel 11..**90**

Die Wahrheit ist verboten, denn sie läuft nackt herum (Tucholsky)
oder
Das wird man doch wohl noch sagen dürfen! (Volksmund)..................90

Kapitel 12...**100**

Fachleute raus, Gefährder welcome!
oder
Der Gutmensch und seine furchtbaren Folgen 100

Kapitel 13...**113**

Die MPU, buhuu, buhuu ...
oder
Achtung, Geisterfahrer!..113

Kapitel 14...**127**

Das Glasauge von Mordor 127

Kapitel 15 .... **149**

   Im Reich der Schatten.................................... 149

Kapitel 16 .... **153**

   Kafka happens! 153

ABGESANG.. **161**

Vorwort zur dritten Auflage

Aus verschiedenen Gründen war es erforderlich, eine dritte Auflage von **DEUTSCHLAND SCHAFFT UNS AB** herauszubringen.

Gleichzeitig erscheint jetzt mein zweites Buch mit dem Titel **MERKEL HAT FERTIG** (siehe letzte Seiten).

Weiter geht's also mit Geschichten und Ansichten über den immer weiter wachsenden Wahnsinn in diesem untergehenden Land des verlorenen Verstandes.

Judith Panther   im September 2020

Vorwort zur ersten Auflage

Die folgenden Schilderungen spiegeln nicht nur meine eigenen Erfahrungen wider, sondern die vieler Eltern, der Ärzteschaft und eines nicht geringen Teils der Bevölkerung dieses Landes.

Hier könnten viele Namen stehen.

Deshalb nenne ich mich einfach Judith.

Ich bin 62 Jahre alt, Fachärztin für Allgemeinmedizin und arbeite derzeit in einer kleinen Hausarztpraxis in Südwestdeutschland.

Die Stelle ist befristet. Wenn meine Tätigkeit dort beendet ist, werde ich meine Sachen packen und mich den über dreitausend Ärztinnen und Ärzten anschließen, die jedes Jahr entmutigt und bis auf die Knochen frustriert aus Deutschland verschwinden mitsamt ihren Familien, ihren Kindern und ihrem Potential.

Warum auch ich gezwungen bin, meine Heimat zu verlassen und den Rest meines Lebens in einem fremden Land zu verbringen, davon möchte ich hier erzählen.

Von Erfahrungen während meiner jahrelangen Tätigkeit im Hausärztlichen Notdienst, in Hausarztpraxen und Kliniken, in denen die Arbeitsbedingungen mittlerweile einer Mischung aus Körperverletzung und seelischer Grausamkeit gleichen und vollends unerträglich geworden sind, seitdem die immer gleichen, gewissenlosen Herrschaften entdeckt haben, daß man auch aus unserem Gesundheitssystem noch Kapital herausschlagen kann, wie Steine aus dem Kölner Dom, um sich die Kosten für seine Erhaltung zu sparen und auf seinem Grundstück ein Parkhaus zu errichten.

Ich möchte hier auch erzählen, wie es mir als Mutter in diesem Land ergangen ist zu der Zeit, als meine drei Kinder noch klein waren und ich alleinerziehend, vor mehr als dreißig Jahren. Davon, wie das Sozialamt damals unsere Obdachlosigkeit verursacht hat, so daß ich meine beiden älteren Kinder weggeben und mit meinem jüngsten Sohn in einem Wohnwagen überwintern mußte.

Auch von meinen Erfahrungen während meiner mehrmonatigen Tätigkeit als Ärztin in einem der Flüchtlingscamps möchte ich berichten, die im Jahr

2015 eilends eingerichtet worden waren, um den ersten Ansturm an Kriegsflüchtlingen aufzunehmen.

Bis dahin war ich nur um mein eigenes Seelenheil und Überleben besorgt gewesen, voller Hoffnung, es handele sich bei all den Absurditäten, die mir in den Jahren davor widerfahren waren, einfach um eine Serie kafkaesker Irrtümer, über die wir später herzlich lachen würden, nach dem Motto „Komödie ist Tragödie plus Zeit".

Was ich jedoch in diesem Flüchtlingscamp erlebt habe war so überhaupt nicht mehr in Einklang zu bringen mit allem, was einmal unsere Werte waren, daß mir zum ersten Mal auch um unser Land angst und bange wurde. Und das war noch vor Amri, dem Weihnachtsmarkt-Crusher, noch vor der Vergewaltigung und Ermordung der Freiburger Medizinstudentin durch Hussein K., dieser Rache der Griechen an Merkels Wirtschaftspolitik, noch vor der Machtergreifung in der Silvesternacht 2016/17 am Kölner Hauptbahnhof durch illegal über die Grenze geschlichene Outlaws, die in ihrer Heimat allenfalls vor der Polizei flüchten mußten und hergekommen sind, um ihren kriminellen Aktivitäten hier weiter ungestört nachgehen zu können. Deren Gräueltaten und alle, die ihnen noch folgen sollten, waren vorhersehbar. Zwangsläufige Konsequenz aus allem, was mir schon im Camp an aktiver Tatenlosigkeit gegenüber offenen Rechtbrüchen seitens der Verantwortlichen begegnet war und lange, bevor „Behördenversagen" schließlich sogar von der BILD-Zeitung als Todesursache betitelt wurde, der in unserem schönen Land immer mehr Menschen zum Opfer fallen.

Eine Verdrehung unserer rechtsstaatlichen Prinzipien ins Gegenteil hat stattgefunden, eine unmerkliche Erosion unseres Rechtsstaats, gewissermaßen „unmerkelich", denn wenn sie es gemerkt hat, dann hat sie ihre Zweifel so gut verborgen, daß das Volk bis zuletzt glaubte, wir schaffen das. Wer es dann geschafft hat und zwar als drittstärkste Kraft in den Bundestag war die AfD, eine Partei, deren Vertreter behaupten, unsere Probleme seien einfach zu lösen und die ihre Popularität den Vertretern der anderen Parteien verdankt, die behaupten, es gäbe diese Probleme nicht.

WIR SCHAFFEN DAS die wahrscheinlich dramatischste Fehleinschätzung seit August 1914, als Kaiser Wilhelm den ausrückenden deutschen Soldaten zurief, noch bevor die Blätter von den Bäumen gefallen seien, wären sie wieder zurück in der Heimat.

Aber ich fange jetzt nicht an auf unsere Politiker zu schimpfen – in meinen Augen zunehmend gesichts- und geschichtslose Handpuppen, in deren Herzen der Machthunger haust und in deren Hinterteilen die gierigen Finger der Wirtschaftsbosse stecken, MOMO-graue Männchen und Weibchen mit der einzigen Sorge, daß ihnen die Zigarre ausgeht.

Denn Politiker fallen in einer Demokratie nicht vom Himmel. Es ist das Volk, das sie alle vier Jahre wiederwählt, um dessen Geisteszustand man sich Sorgen machen muß!

Oder um es mit Einstein zu sagen:

„Die Definition von Wahnsinn ist, immer wieder das Gleiche zu tun, aber jedes Mal ein anderes Ergebnis zu erwarten."

Ein eigenes Kapitel möchte ich einer Institution widmen, wie es sie weltweit nicht noch einmal gibt, aus dem einfachen Grund, weil kein Schwein sowas braucht: der berühmt-berüchtigten MPU und ich kann es kaum erwarten, auch mit diesen Komikern hier abzurechnen.

Doch erst die Pflicht, dann das Vergnügen.

Last, not least will ich Ihnen auch die spannende Geschichte nicht vorenthalten, wie Vertreter der KV, der Kassenärztlichen Vereinigung mich mit einer für eine Körperschaft öffentlichen Rechts erstaunlich kriminellen Energie und Methoden, die ich bis dahin nur aus bösen Filmen kannte, in den Bankrott getrieben und sich meine Stammkundschaft unter den Nagel gerissen haben. Auf ihr Betreiben wurde mir faktisch Arbeitsverbot erteilt, so daß ich alle Aufträge und am Ende mein gesamtes Erspartes verloren habe. Da dies auf legalem Wege nicht möglich gewesen wäre, haben sie es eben auf die krumme Tour gemacht. Darin haben sie Routine, dafür haben sie ihre Leute.

Der wirtschaftliche Schaden, der mir als Folge ihrer niederträchtigen Kampagne und später noch mehrerer rechtswidriger Entscheidungen deutscher Behörden entstanden ist, liegt im sechsstelligen Bereich.

Der seelische Schaden ist nicht mehr zu beziffern.

Wie ich auf den folgenden Seiten ausführe und mit Dokumenten belegen kann, wurde ich in Deutschland mehrfach meiner Grundrechte beraubt, wurde Opfer von Verleumdung und Verfolgung, schwerer Körperverletzung und Freiheitsberaubung, wurde zweimal verhaftet und eingesperrt, einmal in eine geschlossene Anstalt zwangseingewiesen und entging nur knapp dem Versuch der Kassenärztlichen Vereinigung, mich für verrückt erklären zu lassen, um mir auch noch die Approbation entziehen zu können und meine berufliche Existenz unwiderruflich zu zerstören.

Trotz vielfacher Bemühungen ist es mir in keinem Fall gelungen, die jeweiligen Täter zur Rechenschaft zu ziehen. Im Gegenteil mußte ich erleben, wie Staatsanwälte, Richter, Vertreter der Ärztekammer, Mitarbeiter von Ministerien und Behörden sich jedes Mal mit einer Selbstverständlichkeit zu Anwälten meiner Gegner gemacht haben, die mich bis heute erschüttert.

Und als ich all das hinter mir hatte, als es in meinem Leben wieder hätte aufwärts gehen können, hat die Institution „MPU" endgültig dafür gesorgt, daß aus den Ruinen meiner Existenz garantiert nie wieder etwas auferstehen wird. Nicht in Deutschland.

Freies Leben und Arbeiten in meiner Heimat wurden mir unmöglich gemacht, meine Hoffnungen und Zukunftspläne, jegliches Vertrauen in Justiz und Politik zerstört.

Als mir irgendwann klar wurde, daß es hierzulande schon wieder mehr mit rechtem Denken als mit rechten Dingen zugeht, beschränkte ich mich darauf, den dafür Verantwortlichen folgendes ins Album zu schreiben:

„Ich behalte mir vor, die Ereignisse und den gesamten Schriftwechsel zu gegebener Zeit öffentlich zu machen".

Und genau das tue ich jetzt, denn im Gegensatz zu unseren Politikern halte ich meine Versprechen.

Hinweis

Angesichts der Komplexität der hier beschriebenen Ereignisse war das Konzept einer chronologischen Schilderung nicht konsequent durchführbar. Das ist jedoch insofern nicht maßgeblich, als es sich dabei um Ereignisse handelt, die jedem widerfahren könnten und vielen schon widerfahren sind. Erinnert sei an die Justizskandale um Harry Wörz, Jörg Kachelmann und Gustl Mollath, um nur drei prominente Fälle zu nennen. http://www.spiegel.de/panorama/justiz/justizirrtuemer-wie-strafgerichte-daneben-liegen-a-896583.html Wenn auch nur die Hälfte von dem stimmt, was dort zu lesen ist, dann gute Nacht.

Da ich keine professionelle Schriftstellerin bin, bitte ich um Nachsicht für mögliche Fehler und gleichzeitig darum, mich in einer Mail an whistleblowjob@t-online.de darauf aufmerksam zu machen. Vielen Dank im Voraus.

Alle Dokumente, die meine Ausführungen belegen, können zum Beweis meiner Glaubwürdigkeit unter gewissen Umständen eingesehen werden. Den Berg an Dokumenten und Gerichtsakten, der vor über dreißig Jahren im Rahmen der Auseinandersetzung mit dem Sozialamt einer ostwestfälischen Gemeinde entstanden ist, habe ich allerdings schon vor Jahren entsorgt, um die traumatischen Erlebnisse zu vergessen und wieder nach vorne zu schauen. Erschreckend, daß ich sie hier wieder zitieren muß.

Weil sich nichts geändert hat. Weil es schlimmer geworden ist.

Wo es mir an Beweisen fehlt, können Sie sich auf meine Liebe zur Wahrheit verlassen, schon allein deshalb, weil sie meine schärfste Waffe ist. Künstlerischer Freiheit bediene ich mich nur da, wo sie geeignet ist „die Wahrheit bis zur Kenntlichkeit zu verzerren".

„Political correctness" allerdings suchen Sie hier vergeblich – dafür hat das Geld nicht mehr gereicht.

Judith Panther, November 2018

Kapitel 1

Kleintiere statt Kleinkinder
oder
Wer Kinder in die Welt setzt soll sich keine mehr leisten können

Kennen Sie den?

Eine Professorin stellt im Rahmen einer Diskussion über das Für und Wider von Abtreibung folgenden Fall vor: Eine Frau ist zum neunten Mal schwanger. Sie hat bereits acht Kinder, drei davon sind taub, zwei blind, eines geistig behindert. Die Mutter selbst hat Syphilis und das Ungeborene wird später ebenfalls taub.

Würden Sie ihr raten, das Kind abzutreiben?

Nach kurzer Diskussion ist man sich einig, ja, dieser Fall erfüllt alle Kriterien für eine Notfallindikation. Daraufhin die Professorin: „Glückwunsch! Sie haben soeben Beethoven ermordet."

Andererseits – wäre das Milgram-Experiment anders ausgegangen, wenn Klara Pölzl sich geweigert hätte, ihr drittes Kind auszutragen?

Mein Vater wurde 1924 in Königsberg im ehemaligen Ostpreußen geboren. Er war kaum zwanzig Jahre alt, als er gezwungen wurde, seine Heimat zu verlassen, um in einem verlorenen Krieg als Kanonenfutter zu dienen.

Seine Mutter hat er danach nicht mehr wiedergesehen.

Er selbst gab nur wenig Preis aus dieser Zeit. Zum Beispiel davon, wie er sich nach Kriegsende als Gefangener der US-Army auch bei Minusgraden unter einem nahen Wasserfall zu waschen pflegte, um die lästigen Lagerläuse loszuwerden. Oder von seinem völligen Unverständnis für Mitgefangene, die ihr Brot gegen Zigaretten tauschten, wo doch alle vor Hunger fast umkamen.

Während er von den Besatzern immer wieder mal zusammengeschlagen wurde und sich anschließend im eiskalten Wasser Blut, Gram und Läuse wieder vom Leib wusch, verhungerte seine Mutter in der Heimat.

Er ist nie mehr dorthin zurückgekehrt.

Auch nicht, als nach Jahrzehnten die Grenze wieder offen waren, denn die Grenze für das, woran er sich noch erinnern wollte, hatte er für alle Zeiten dichtgemacht. Was er sein Leben lang beibehielt, war das allabendliche Bad im nahen Baggersee. Auch im Winter, wenn dieser zugefroren war. Für diesen Fall hatte er eine Spitzhacke im Kofferraum.

Nach dem Krieg studierte er Mathematik, Physik und Kirchenmusik und unterrichtete bis zu seiner Pensionierung an einem Gymnasium in einer baden-württembergischen Kleinstadt.

Eine kleine Nachkriegsanekdote erzählte er immer wieder gern: Bei der Rückkehr von einem Sommerausflug mit dem Lehrerkollegium machten sich einige von ihnen über den Sonnenbrand lustig, den er sich dabei zugezogen hatte. Sein lakonischer Kommentar: „Manche werden halt lieber rot als braun!"

Nehmen sie das auch als mein Motto.

Meine Eltern waren gläubige Christen und Angehörige einer Freikirchlichen Gemeinde. Mein Vater leitete dort den Kirchenchor, ab und zu hielt er auch selbst eine Predigt. Wir Kinder waren derweil eine Etage tiefer in der Sonntagsschule untergebracht und nervten unsere gutmütigen Sonntagsschullehrerinnen mit bohrenden Fragen nach der Logik hinter ihren heiligen Sprüchen.

Mein Lieblingslied zum Beispiel war „Es ist ein Ros´ entsprungen". Da wollte ich natürlich wissen, was genau „die Alten uns sungen" hatten und wer zum Teufel Jesse war! Kaum 50 Jahre später fand ich die überzeugendste Erklärung für die Bedeutung dieses Liedtextes in den Visionen der Heiligen Katharina von Emmerich, die Clemens von Brentano nach ihren Schilderungen aufgezeichnet und mehreren Büchern veröffentlicht hat.

Meine Mutter war das Siebte von acht Kindern, aus denen erfolgreiche Ärzte, Erfinder, Mütter und Unternehmer geworden sind.

Mein Großvater war als Tierarzt weithin bekannt und verehrt. Wie hätten meine Eltern auf die Idee kommen sollen, daß ein Verhalten, welches einem bis dahin Respekt und gesellschaftliche Anerkennung eingebracht hatte, daß das Befolgen des biblischen „Seid fruchtbar und mehret Euch" in diesem Land plötzlich als abartig, gar als verantwortungslos gelten würde?

Zwei Ereignisse haben mir schon als Kind einen Eindruck von diesem Wertewandel vermittelt. Das eine wurde uns mit breitem Grienen von Schülern meines Vaters gesteckt:

Demnach war der Schuldirektor eines Tages in seinem Unterricht erschienen, um die Schüler über verschiedene, das Kindergeld betreffende Neuerungen zu informieren. Dabei zählte er auf, wieviel einer Familie mit einem, zwei, drei Kindern von nun an zustehe. Nach der Zahl Vier hörte er auf mit der Bemerkung „mehr als vier Kinder würde ja wohl kein normaler Mensch in die Welt setzen".

Mein Vater sei rot angelaufen, denn alle wußten: er hatte zu der Zeit schon fünf.

Was sie nicht wußten: das Sechste war unterwegs.

„Es" ist heute Professor für Elektrotechnik und einer von denen, die mit ihren exorbitanten Steuern und Sozialbeiträgen diese Mischung aus Saftladen, Polizeistaat und Bananenrepublik mit am Leben erhält. Als mein Vater an diesem Tag nach Hause kam setzte er sich ans Klavier und gemeinsam sangen wir das Lied „Vom armen Dorfschulmeisterlein", mehrstimmig und bis zur letzten Strophe.

Musikalisch waren wir ja.

Das zweite Erlebnis war schockierender:

Nach jedem weiteren ihrer insgesamt neun Kinder, aus denen später Ärztinnen, Krankenschwestern, Künstlerinnen und Professoren wurden, erhielt meine Mutter anonyme Schmähbriefe aus der Kleinstadtbevölkerung, in denen ihr Kinderreichtum als Schande verhöhnt wurde. Es war die Zeit, als einer schwangeren Frau von irgendwelchen Straßenjungs schon mal ein "Na, zu blöd, die Pille zu nehmen?" `rübergerotzt wurde. Auch erinnere ich mich an einen Artikel über eine siebenköpfige Familie, erschienen vor vielleicht 40 Jahren in einer bekannten Frauenzeitschrift, Tenor der Überschrift sinngemäß: „Fünf Kinder – ist das heutzutage noch zu verantworten?" Mütter, die nicht neben ihrem 24-Stunden-Job noch für einen Mini-Lohn arbeiten gingen, bekamen plötzlich das abwertende Label „Nur-

Hausfrau" verpaßt nach dem Motto „das bißchen Haushalt macht sich von allein, die kleinen Kinder bringt der Storch und die Suppe kocht der Kasper". So kamen frustrierte und gestresste Mütter in die Welt, Junkfood und fette, vernachlässigte Schlüsselkinder, mutterlose, sich selbst überlassene Streuner, deren Freizeitaktivitäten immer öfter unter „steigende Jugendkriminalität" verbucht werden mußten.

Bis heute wird den Leserinnen in Frauenzeitschriften unterschwellig suggeriert, ein Leben „nur" für Familie und Kinder sei irgendwie unvollständig. Darin werden Frauen umso hysterischer bejubelt, je mehr Männerdomänen sie erobert haben, weil sie „gleiche Rechte haben, wie ein Mann" konsequent verwechseln mit "genauso sein, wie ein Mann", während sie mit einer Mischung aus Neid und Mißbilligung auf die Frauen herabblicken, die einen Teil ihrer Lebenszeit dem einzigen Job widmen, den Männer NICHT machen können. So locken sie seit Jahrzehnten Legionen von Frauen in das Hamsterrad der Doppelbelastung, indem sie ihnen die Illusion vermitteln, Kind und Karriere seien spielend zu schaffen. Liebe FREUNDIN BRIGITTE: ist es nicht.

Kind und Karriere in einem Land ohne Kitaplatz und Kohle unter einen Hut zu bringen ist so schwer, daß noch nicht einmal Männer es schaffen.

Aber die versuchen es auch erst gar nicht. Vielleicht, weil sie keine Frauenzeitschriften lesen?

*https://www.medical-tribune.de/meinung-und-dialog/artikel/frauenquote-**mit-kindern-haette-ich-diese-position-nicht-erreicht**quot/*

Schon vor mehr als 30 Jahren, als die Deutschen – damals noch eine einigermaßen homogene Mischung – den Vorwurf der Kinderfeindlichkeit noch mit der gleichen ungerührten Selbstverständlichkeit hinnahmen wie ihre Charakterisierung als pünktlich und fleißig, gab ich dem Sozialamt schriftlich, daß eine Gesellschaft, die ihren Nachwuchs am ausgestreckten Arm verhungern läßt, sich innerhalb von ein, zwei Generationen erledigt haben dürfte und der dann freiwerdende Lebensraum von Menschen bevölkert werden könnte, denen Kinder über alles, über alles in der Welt gehen. Heute, mehr als 30 Jahre später, hungern die Kinder der „Generation Hartz" und die der kinderreichen Armen immer noch nach Nahrung,

Bildung und Zukunftschancen, sind aber weiter denn je davon entfernt. Ein gigantischer „Brain Waste" mithin, der dem Wort „Volksverdummung" eine ganz neue Bedeutung verleiht. Daß die Politik diesen Skandal inzwischen wenigstens zur Kenntnis nimmt liegt nun aber nicht etwa daran, daß sie plötzlich ihre Liebe zu Kindern entdeckt hätte. Beileibe nicht. Nach wie vor würde ein Altersheim umgehend dichtgemacht und die BILD hätte eine Skandal-Schlagzeile mehr, wenn die Toiletten dort nur halb so schmierig wären wie die an unseren Schulen.

Altersarmut – täglicher Aufreger in allen Medien und Talkshows. Kinderarmut? Allenfalls ein kleiner Zeitungsartikel hie und da, ein paar Statistiken, ein kurzer Fernsehbericht nach Sendeschluß, mehr Pflichtprogramm als Herzenssache, entsprechend schläft der Bürger weiter tief und fest wie Opa in seinem Ohrensessel.

Pathognomonisch hierfür auch die Liste der Forderungen aus dem Paritätischen Armutsbericht 2018 von Dr. Schneider:
*https://www.der-paritaetische.de/presse/**armutsbericht-2018-paritaetischer-korrigiert-falsche-bilder-der-armut-und-fordert-neue-armutspolitik/***

Darin führt Dr. Schneider sieben Maßnahmen auf, deren Umsetzung er für „unerläßlich und unaufschiebbar" hält, um die „Armut in der Breite zu bekämpfen".

Die ersten drei Punkte betreffen eine Erhöhung der Renten – na klar. Punkt drei bis sechs betreffen die Erhöhung der Löhne und um Verbesserungen in den Verträgen der für Geld arbeitenden Bevölkerung, erst der letzte Punkt geht an die Kinder. Kein einziger Punkt geht an Mütter und Alleinerziehende. Entsprechend findet in diesem Armutsbericht auch das Thema „bessere Vereinbarkeit von Beruf und Familie" keinerlei Erwähnung, obwohl diese ja wohl eine Grundvoraussetzung dafür ist, daß Mütter, insbesondere die alleinerziehenden, überhaupt einen Job annehmen können.

Nach wie vor wird über eine möglicherweise mindere Qualität der Menüs für 90jährige in Seniorenheimen geklagt, während unsere Hartz-Kinder in der ARCHE sitzen und auf Spenden angewiesen sind, wenn sie sich mal sattessen wollen und ihre Mütter bei der „Tafel" um ein paar Nahrungsmittel betteln. Wenn so ein Hartz-Opfer dann noch das Pech hat, ein paar Tage im Krankenhaus verbringen zu müssen, droht ihm auch noch eine Kürzung seines Existenzminimums aufgrund der dabei „eingesparten Ausgaben für Nahrungsmittel" und ganz sicher verschlingt diese buchstäbliche Erbsenzählerei mehr Geld, als sie einbringt. Umso beschämender, als Geld genug vorhanden wäre, um sie alle satt zu machen und ihnen eine Grundsicherung zu garantieren, die diesen Namen verdient.

Nach wie vor erhalten Millionäre Kindergeld, während es den Eltern der Hartz-Kinder vor der Nase wieder abgezogen wird – ein brutaler Zynismus, wie er größer kaum denkbar ist, egal, wie oft die Verfassungsrichter das als mit Artikel 1 GG für vereinbar erklären.

Doch auch den weniger armen Eltern reicht die Politik das Geld nur scheinbar großzügig zur Vordertüre herein, um ihnen das Doppelte durch die Hintertüre gleich wieder abzuknöpfen – Stichwort Mehrwertsteuer – und es denen zuzustecken die zum Beispiel Rassekaninchen in die Welt setzen.

Kaninchen züchten?

DIE VERMEHREN SICH VON SELBST!

Aber die Deutschen sind halt lieber tierblieb.

So tierlieb, daß es auch in Zukunft bei einem Mehrwertsteuersatz von sieben Prozent für Katzenfutter aber neunzehn Prozent für Kindernahrung bleiben wird und dabei, daß man das Stroh für die Karnickel von der Steuer absetzen kann, nicht aber den Laptop, den ein Kind braucht, wenn es nicht mit Stroh im Kopf enden, wenn es im Zeitalter der Digitalisierung nicht hoffnungslos abgehängt werden will.

So tierlieb sind die Deutschen, daß sie auch niemals das Fleisch von Tieren essen würden, die dafür grauenhaft gequält worden sind. Zum Beispiel von Schweinen, denen der Bauer im Ferkelalter ohne Betäubung die Hoden abschneidet damit er ihr Fleisch später zu den Dumpingpreisen anbieten kann, die für eine immer ärmer werdende Bevölkerung gerade noch bezahlbar sind. Nach wie vor stehen Eltern Schlange vor den wenigen KiTas am Ort und hoffen auf einen der raren Plätze für ihren Nachwuchs. Beides wiederum, KiTa-Platz und Nachwuchs, können sie sich nur leisten, wenn sie einer bezahlten Arbeit nachgehen, wobei sie mit dem erzielten

Einkommen immer mehr Renten- und Pflegebeiträge für immer mehr Alte erwirtschaften müssen, wohl wissend, daß für sie selber am Ende ihres eigenen Arbeitslebens nicht mehr viel übrigbleiben wird, denn auch die Pflege alter Menschen ist dem Staat mehr wert als Lebensqualität und Zukunft seiner Nachkommen. Stellen Sie sich eine solche Warteschlange mal vor einem Seniorenheim vor! SKANDAL!!

Wer noch an den Weihnachtsmann glaubt, wer noch nicht gelernt hat, Eins und Eins zusammenzuzählen, dem darf man nicht die Macht geben, mit seiner Stimme über das Schicksal einer ganzen Nation mitzuentscheiden.

Wer noch an Wunder glaubt, zum Beispiel, daß immer weniger Beitragszahler mit immer geringerem Einkommen, aber immer höheren Sozialbeiträgen, Mieten und Lebenshaltungskosten auch in Zukunft in der Lage sein werden, immer mehr Alte, Kranke und die Facharbeitslosen aus der Fremde zu finanzieren, den darf man nicht unbeaufsichtigt an die Wahlurne lassen. Man sieht ja, was dann dabei herauskommt.

Entsprechend sieht das Ergebnis aus. Die einen halten mit Zähnen und Klauen an ihrer MilchmädchenIllusion fest, die anderen an der Macht und ihren Ministerposten und zwischen beide paßt kein Blatt Papier.

Blüm hatte schon Recht, als er sagte „Die Renten sind sicher!!".

Für ihn und seine Generation auf jeden Fall! Doch nach ihnen die Sintflut. Buchstäblich. Krönung dieser Liste der Schande, die keinen Anspruch auf Vollständigkeit erhebt: Geriatrische Abteilungen sprießen allenthalben aus dem Boden der Krankenhausabteilungen wie Feuer, Rauch und Schwefel im Armageddon der Johannesoffenbarungen.

Gleichzeitig holt eine Geburtsklinik nach der anderen den Storch vom Dach und schließt ihre Tore. Denn für Geburtskliniken gibt es den Sicherstellungszuschlag nicht, auf denen geriatrische Kliniken Anspruch haben, wenn ihnen ansonsten aus wirtschaftlichen Gründen die Schließung droht. Also packen unsere Hebammen ihre Hörrohre ein, ihre Motivation, ihre unersetzliche Erfahrung, verlassen ihre Schwangeren und schulen um auf Alten- oder Fußpflege, nachdem ihre Haftpflichtversicherungen sich auch noch entschlossen haben, sie mit unbezahlbaren Beiträgen in den Ruin zu treiben.

Nur noch eine Frage der Zeit, wann die ersten Babys im Rettungswagen das Blaulicht der Welt erblicken, weil der Weg in die nächste Entbindungsklinik zu weit war und passend zur Tatsache, daß ihre Ankunft für immer mehr Familien zumindest wirtschaftlich ein Notfall ist.

Armut im Alter – ständiges Thema in den Medien, bei den Politikern im Wahlkampf sowieso an erster Stelle, entsprechend als erstes wieder auf der Tagesordnung, als die Zombie-Kombi geschlagene acht Monate nach der Wahl im September 2017 endlich mit dem Regieren anfing.

Armut in der Kindheit?

Selber schuld.

„Wer sich keine Kinder leisten kann, der soll auch keine in die Welt setzen."

Wie oft mußte ich mir das damals anhören.

Wenn diese, für eine Gesellschaft eher extinktionsfördernde Denkweise nicht durch einige humanistische Prinzipien ausgebremst würde, die es im Überschwang des „Hurra, wir leben noch!" nach dem Krieg in unsere Verfassung geschafft haben, dann wären in unserem Land nicht nur Gesundheit, Bildung und Zukunftschancen, wie im Mittelalter, schon wieder ein Privileg der Wohlhabenden, sondern auch das Recht auf Fortpflanzung.

Sie glauben ich übertreibe?

Dann lesen Sie mal das Folgende – nicht aus dem Jahr 1645 n. Chr. sondern aus 2005:

http://www.gewhessen.de/fileadmin/user_upload/veroeffentlichungen /hlz/0503_hlz.pdf

Akademikerinnen, werdet schwanger!

FDP-Bundesvorstandsmitglied und Bundestagsabgeordneter Daniel Bahr (28) hat seine eigenen Vorstellungen zur Lösung des PISA-Problems und zur Elite-Förderung in Deutschland. Zu BILD am SONNTAG sagte er am 23. 1. 2005: „In Deutschland kriegen die Falschen die Kinder. Es ist falsch, daß in diesem Land nur die sozial Schwachen die Kinder kriegen. (...)

Daß zu wenige Kinder in Akademikerfamilien aufwachsen, führt auch zu Folgeproblemen.

Laut PISA-Studie hängt nämlich in Deutschland der Lernerfolg eines Kindes stark vom Bildungsniveau der Eltern ab. Wir brauchen mehr Kinder von Frauen mit Hochschulabschluß als von jenen mit Hauptschulabschluß. Dann stehen wir künftig auch in der PISA-Studie wieder besser da."

Ich will's mal freundlich formulieren: Herr Bahr mag Akademiker sein – er sollte sich trotzdem nicht fortpflanzen.

Und noch jemand, der Ursache und Wirkung verwechselt hat!

Hier aus der Münsterschen Zeitung vom 02.06.1998:

„FORDERUNG DES BAYRISCHEN JU-CHEFS „Schlechten Eltern Kindergeld kürzen" Hamburg (dpa)

Eine Kürzung des Kindergeldes für „Schlechte" Eltern" hat der Vorsitzende der Jungen Union in Bayern, Markus Söder (CSU) gefordert.

So sollten jene Eltern bestraft werden, „die trotz Aufforderung der Lehrer nicht in der Schule erscheinen, obwohl es dringend notwendig wäre oder sich nicht darum kümmern, daß sich ihre Kinder nachts herumtreiben, Autos knacken und auf Diebestour gehen."

Söder reagierte damit auf den Anstieg der Kinder- und Jugendkriminalität. Bei Verstoß gegen die Erziehungspflicht müsse das Kindergeld nach einem Katalog gestaffelt für drei oder sechs Monate gekürzt oder ganz gestrichen werden."

Was der damals noch junge Mann nicht bedacht hat: Eltern, deren Kinder nachts auf Diebestour gehen, gehören statistisch eher zu den armen Leuten, denen das Kindergeld ohnehin nicht ausbezahlt wird, weshalb sie ja auch gezwungen sind, sich ihren Lebensstandard auf andere Weise zu sichern. Oder kennt jemand zufällig jemanden, der nach Abschluß seines BWL-Studiums noch als Autoknacker Karriere gemacht hat?

Nein.

Unsere Vertreter der „Neuland Internet"-Fraktion sind nicht plötzlich aufgewacht. Sie haben nur inzwischen gelernt einen Taschenrechner zu bedienen der ihnen sagt, daß es knapp wird für ihre Hauptwählerklientel, nachdem die ehemalige Bevölkerungspyramide zum Atompilz mutiert ist und dieses Land, in dem bald nur noch die Reichen, die es sich ja überall auf der Welt gemütlich machen können „gut und gerne leben", sich für Otto Normalbürger zunehmend in einen Ort verwandelt hat, der einen Zuwachs an Lebensqualität bald nur noch für jene bedeutet, denen in der eigenen Heimat die Granaten um die Ohren fliegen.

Was nützt mir Heimat, wenn ich dort die Miete nicht bezahlen kann?

Auch die Statistik spricht hier Bände:

Sie zeigt, daß die Wahrscheinlichkeit, Deutschland zu verlassen wenn man sich in Bezug auf Einkommen, Lebensqualität und Zukunftschancen verbessern will, mit der beruflichen Qualifikation steigt, während gleichzeitig die Bereitschaft qualifizierter Menschen aus allen übrigen Ländern, sich hier niederzulassen, schwindet.

Zum Brain Waste also auch noch ein kontinuierlicher Brain Drain, den nur jene nicht besorgniserregend finden, denen das Gehirn bereits ausgelaufen ist.

Wer verklickert unseren Herrschaften da oben, daß Wohlstand, Zukunft und Fortschritt eines Volkes weit mehr von einem Mangel an Lehrkräften bedroht wird als von einem Mangel an Pflegekräften? Eine volle Windel ist selbsterklärend, der Kant'sche Imperativ nicht! Wieviel Intelligenz braucht es um zu begreifen, wie wichtig es ist, in Bildung zu investieren? Auf jeden Fall mehr, als bei unseren Politikern vorhanden ist.

Mit deren Politik werden Eltern auch in 30 Jahren noch vor verschlossenen KiTa-Türen und den offenen Toren der „Tafel" stehen, nicht viel anders als ich vor über 30 Jahren.

Nur gehe ich seither nicht mehr wählen.

Es gibt kein Argument, welches mich dazu bewegen könnte meine Stimme jemanden zu geben, der mich bisher noch jedes Mal verarscht hat.

Kapitel 2

Same Procedure As Every (Wahl)-Year
oder
Warum Nichtwählen die bessere Alternative für Deutschland ist

Keine einzige der etablierten Parteien hat in den Jahrzehnten ihrer Regierung etwas daran geändert, daß Frauen bei gleicher Arbeit immer noch weniger verdienen als Männer, aber nach einem Leben mit Doppelbelastung nur die halbe Rente bekommen.

Keine hat dafür gesorgt, daß die kalte Progression und die verfassungswidrige Besteuerung von Familien endlich abgeschafft werden. Keine Partei hat etwas gegen die Unvereinbarkeit von Familie und Beruf getan, gegen die Unvereinbarkeit von Hartz 4 und Menschenwürde, oder etwas daran geändert, daß ein alter Mensch im Pflegeheim täglich fast doppelt so viel Geld für Essen ausgeben kann wie ein armes Kind in Deutschland. Keine Partei hat auch nur ansatzweise einen Plan gegen die Bildungskatastrophe, gegen die wachsende soziale Ungleichheit, keine Partei hat den schleichenden Rückfall in mittelalterliche Zustände verhindert, als Lebenserwartung und Zukunftschancen nicht vom individuellen Potential, sondern von Herkunft und Einkommen abhängig waren. Vom globalen Versagen bei Themen wie Mobilität, Energie, Klima oder Digitalisierung gar nicht erst zu reden.

Fragen Sie mich jetzt aber bitte nicht, warum ich dann nicht die Linken wähle mit ihrem nimmermüden Bestreben, gute Ideen unter schlechte Menschen zu bringen und Gottes Werk zu verbessern.

Was unsere Politiker hingegen immer wieder zuverlässig umsetzen, sind die Interessen von Lobby und Wirtschaft. Und natürlich die unserer Beamten. Die Einzigen, die das leugnen, sind die Politiker selber, weshalb sie in Bezug auf Vertrauenswürdigkeit und Ehrlichkeit ja auch auf unterstem Niveau verortet werden – spätestens seit dem erbärmlichen Geschachere in der Sache „VW und Regierende gegen das deutsche Volk" in etwa gleichauf mit katholischen Pädo-Priestern.

Seit diesem unverhohlenen Versuch, das Volk in bisher noch nicht dage-
wesener Weise über den Löffel zu balbieren, dürfte der ein oder andere
sich die Wiedereinführung der Prügelstrafe gewünscht haben.

Und ganz sicher hat dieser schamlose Betrug am Autofahrer den Metzgern
von der AfD, diesem Vogelschiß in der Geschichte der politischen Brand-
stiftung, wieder jede Menge Stimmvieh in die Arme getrieben, oder um es
mit den Worten ihres Vorsitzenden Gauland zu sagen: „Merkels Politik ist
unsere beste Lebensversicherung!"

Leider hat er damit Recht, sofern man bei den Agitationen seiner Ein-
Thema-Partei und der aktiven Tatenlosigkeit unserer Kein-Thema-
Kanzlerin überhaupt von „Politik" sprechen kann.

Mit meinem Wahlboykott stehe ich auch nicht alleine da: Nach Inkrafttre-
ten der Agenda 2010 und der gefühlten Halbierung von Einkommen und
Sparvermögen bei gleichzeitig oft genug realer Verdoppelung der Preise
durch Einführung des Euro – symbolisiert durch den Austausch der D-Mark
durch das Euro-Zeichen im Preisschild bei nicht selten unveränderter Ziffer
davor –, hat sich die Wahlbeteiligung 2006 in Baden-Württemberg auch
erstmal fast halbiert, sank bei den vorgezogenen Kommunalwahlen in
Sachsen-Anhalt 2007 auf 20 Prozent und dümpelt seither auf niedrigem
Niveau vor sich hin, vernachlässigbar, wenn man davon noch die Zahl der
Wähler abzieht, die ihre Stimme nur noch aus Gewohnheit abgeben oder
weil man ihnen eingeredet hat, wer nicht wählen geht wäre schuld, wenn
die Braunen an die Macht kommen.

Hm – wie hoch war nochmal die Wahlbeteiligung 1933?

Seit der Agenda 2010, diesem brutalen Sozial-Kahlschlag, müssen Alte und
Kranke, Familien und Alleinerziehende mit ihren Kindern, also der größte
Teil derer die überhaupt auf Hilfe zum Lebensunterhalt und den besonderen Schutz des Staates angewiesen sind, von einer Summe leben, die noch
unter dem liegt, was vor Hartz 4 unter dem Namen „Sozialhilfe" schon als
absolutes Existenzminimum galt. Seitdem sitzt ein wachsender Teil der
arbeitenden Bevölkerung als Leih- und Zeitarbeiter, sprich: als billige, auf
Humankapitalniveau gestutzte Tagelöhner auf dem sozialen Schleudersitz,
wird von Existenzängsten geplagt, ist wieder erpreßbar geworden, beutet
sich aus Angst vor Arbeitsplatzverlust selber aus und wird auch wieder

nach allen Regeln der Kapitalistenkunst ausgebeutet. Täglich kommen neue Opfer dieser Agenda in unsere Praxis.

Ausgebrannt, verzweifelt, mit den Nerven am Ende benötigen sie nicht selten Beruhigungsmittel, gar psychotherapeutische Intervention, nachdem Überarbeitung, eine Kündigung oder die anschließenden Demütigungen auf dem Arbeitsamt sie krank gemacht haben. Männer im besten Alter, hervorragend ausgebildet mit jahrelanger Erfahrung in ihrem Job, engagiert, zuverlässig, loyal – gekündigt. Weil sie der Firma als Gewinnmaximierungshindernis im Wege standen. Die sich nach der hundertsten Absage auf die hundertste Bewerbung um einen neuen Job irgendwann fragen, ob ihr Leben überhaupt noch einen Sinn hat.

Sie alle hoffen bei jedem neuen Job, den sie noch ergattern können, auf eine Festanstellung, gehen dafür oft genug auch schwer krank noch zur Arbeit und erhalten trotzdem kurz vor Ende der Probezeit wieder die Kündigung – ein mittlerweile bei Arbeitgebern übliches Procedere, seit der ursprüngliche Zweck eines Unternehmens, nämlich die Gewinnerzielung zur Vermehrung des Wohlstands aller, ersetzt wurde durch das erbarmungslose Ziel der Gewinnmaximierung zur Mehrung des obszönen Reichtums einiger weniger.

Und die Arbeit, die man den einen wegnimmt, werden dann den Übriggebliebenen aufgehalst: Erschöpfte Angestellte, die krank geworden sind weil sie Tätigkeiten, die zuvor noch von zwei oder drei Mitarbeitern erledigt wurden, plötzlich alleine schaffen müssen und dann auch noch mitansehen dürfen, wie die hochbezahlten Firmenmanager – immer öfter junge, abgebrühte BWL-Soziopathen mit blinkendem Dollarzeichen im Auge anstelle einer menschlichen Regung – satte Provisionen einstreichen für die auf Kosten des Personals eingesparten Personalkosten.

Vorwärts in die Zivilisationsbarbarei, Mittelalter 2.0.

Diese Agenda haben wir den Sozis nicht verziehen.

Die haben bis heute aber auch nicht um Verzeihung gebeten dafür, daß sie gemeinsam mit den Grünen und berauscht vom röhrenden Brunstschrei ihres Alpha-Leittieres „Es gibt kein Recht auf Faulheit in Deutschland!" damals den Sozialstaat geschrödert und ihn den Hyänen des Kapitalmarktes zum Fraß vorgeworfen haben.

Kein Recht auf Faulheit? Also ich sehe mehr Menschen die krank geworden sind, weil man ihnen ihre Arbeit weggenommen hat und ihnen keine neue gibt!

Glaubt dieser zigarrenrauchende Flaschenbiertrinker und falternde Playboy vielleicht auch, daß Hunderttausende von Wirtschaftsflüchtlingen aus purer Faulheit ihre Heimat verlassen und ihr Leben riskieren, um hierher zu kommen? Oder vielleicht eher in der Hoffnung, hier die Arbeitsplätze wiederzufinden, die eine zerstörerische Wirtschaftspolitik auch von Brutal-Kapitalisten seines Schlages in ihrer Heimat vernichtet haben?

Kein Recht auf Faulheit? Nie zuvor hat ein Politiker auf eine derart vor Ignoranz und Verachtung triefende Weise ein ganzes Volk beleidigt, es unter den Generalverdacht der Drückebergerei und des Schmarotzertums gestellt, ein Volk zumal, das ausgerechnet für seinen Fleiß, seine Zuverlässigkeit und Tatkraft überall auf der Welt geschätzt wird. Überall, nur nicht in Deutschland! Hartz 4 – ein mittelalterliches Gesetzeswerk, gestrickt mit Tunnelblick auf eine kleine Minderheit von Schnorrern und Tagedieben, die es immer und überall gibt, zahlenmäßig unterhalb der Nachweisbarkeitsgrenze, auf den Hinterbänken im Bundestag und dem Brüsseler EU-Parlament gar vollkommen unsichtbar:

*https://www.nzz.ch/international/aufgefallen-**junckers-wutausbruch-im-laecherlichen-eu-parlament**-ld.1304385*

Wird deren Existenzminimum auch gekürzt, wenn sie zu anberaumten Terminen nicht erscheinen? Oder sich irgendwelchen gutbezahlten Nebentätigkeiten widmen?

*https://www.welt.de/politik/deutschland/article144837066/**Hinterbaenkl er-sind-die-Topverdiener-im-Bundestag**.html*

Ein Armutszeugnis dürften unseren Regierenden auch tausende Lehrerinnen und Lehrern ausstellen, denen die befristeten Stellen pünktlich zu Ferienbeginn gekündigt werden, um sie dann zum nächsten Schuljahr wieder neu einzustellen – oder auch nicht – so daß sie in den großen Ferien bei PENNY als Regal-Auffüller arbeiten, um nicht zum Sozialfall zu werden.

Nicht nur Akademikerinnen werden unter solchen Umständen lieber nicht schwanger!

Und nach vierzig, fünfzig Jahren Maloche dann der Rentenbescheid mit einer Botschaft, die ebenfalls verdächtig nach Stinkefinger riecht: „Geh nicht über LOS! Zieh keine müde Mark ein! Geh zum Sozialamt. Begib dich direkt dorthin, gib deinen zweiunddreißigseitigen Hartz-4-Antrag, deine Würde, dein Erspartes und dein letztes Hemd dort ab, du armer, steuerzahlender Volltrottel.

Brummende Wirtschaft?

Sinkende Arbeitslosigkeit?

WACHSENDE WUT!!

Hartz 4 macht keinen Unterschied zwischen Kindern und Kriminellen. Vielleicht haben wir deshalb von den einen zu wenig, von den anderen zu viel?

Armut, Gewalt und Krankheit gehören zusammen wie Arsch und Eimer. Armut ist ein Luxus, den keine Gesellschaft sich leisten kann!

Hier mein Leserbrief, den ich 2006 verfaßt hatte als Reaktion auf das Geschwafel irgendeiner baden-württembergischen Landtagsabgeordneten nach dem Wahlbeteiligungsdesaster in NRW, von wegen Wählen sei „demokratische Pflicht", sei „Voraussetzung für „Demokratische Mitbestimmung".

Darin habe ich meinen Wahlboykott begründet mit Argumenten, die in meinen Augen heute noch genau so aktuell sind:

„Das allenthalben beschworene „Recht auf demokratische Mitbestimmung" ist eine Mär. In Deutschland herrscht keine Demo-, sondern eine Bürokratie.

Welche Partei man auch wählt, die Versprechen vor der Wahl sind die Lügen nach der Wahl – Same Procedure as every (Wahl)-Year.

Wenn der Wähler weiterhin treudoof zur Urne ginge und sein Kreuzchen dann halt bei der Partei machen würde von der er sich am wenigsten verarscht fühlt, dann ergäbe die 100%ige Wahlbeteiligung zwar reichlich Stimmen, doch die jeweiligen Wahlgewinner würden „Stimmen" mit „Zustimmen" verwechseln, würden von einem „Auftrag" halluzinieren, „den der Wähler ihnen erteilt habe" und hätten wieder nichts kapiert.

Nur diesen Wählern, die noch an die Illusion von demokratischer Mitbe-stimmung glauben, verdanken die beiden großen Parteien jetzt ihren ma-geren Sieg.

Doch die Mehrheit des Volkes lehnt ihre Politik inzwischen ab. Wenn die Bürger überhaupt nicht mehr zur Wahl gingen, könnte das natürlich ganz speziellen Parteien ans Ruder verhelfen, deren Wähler noch nicht einmal merken, daß sie von denen genauso verarscht werden.

Immerhin wären die jetzigen Großkoalitionäre dann arbeitslos und ge-zwungen, mit der Handvoll Hartz-Geld selbst in der Schande zu leben, die sie mit der Agenda 2010 zu verantworten haben.

Diese Vorstellung dürfte dem Willen des Volkes noch am ehesten entspre-chen.

Wenn das nicht demokratisch ist!"

Mit der Reanimation dieser GroKo der Untoten dürfte auch dem Letzten klargeworden sein, daß es eine Erneuerung in diesem Land nicht mehr geben wird. Und den Sozis kann auch eine Entschuldigung auf Knien nicht mehr helfen. Die sind Geschichte.

In einem Land übrigens, in dem Wählen Pflicht wäre, deren Nichtbeach-tung mit Gefängnis bestraft würde wie in Ägypten, eine Anklage wegen Hochverrats zur Folge haben könnte wie in Nordkorea, oder, wie in der Schweiz, mit 6 Franken Geldstrafe geahndet würde – also gewissermaßen mit vorgehaltener Pistole – hätte auch ich die AfD gewählt. Ich hätte es aber nicht „Die AfD wählen", sondern „Die anderen wegwählen" genannt.

Wer jetzt also glaubt, mir „Populismus" unterstellen zu dürfen, der sollte sich vorher vergewissern, daß er mindestens eine Armlänge von mir ent-fernt ist.

Insbesondere rate ich das einigen unserer Gesinnungsterroristen von der Comedy-Front - früher mal witzig, heute mit Beffchen und Dauererektion im moralischen Zeigefinger – die uns von ihrem Podest herab vorschreiben wollen, was wir zu fühlen und zu denken haben und vor allem, was nicht!

Die uns aus ihrer speckmadigen Selbstzufriedenheit heraus dafür verurtei-len, wenn wir uns in einer beängstigenden Situation ängstigen und in einer

Zeit tiefgreifender Verunsicherung verunsichert sind. Die uns Populismus, Fremdenfeindlichkeit oder Engstirnigkeit vorwerfen, wenn wir zaghaft darauf hinweisen, daß ohne das Beharren auf einer europäisch geprägten Kultur im eigenen Land womöglich irgendwann ein muslimisches Monokulti herauskommen könnte. Die der AfD vorwerfen, nur ein einziges Thema zu haben, selbst aber kaum mehr einen Auftritt über die Bühne bringen ohne auf genau diesem Thema herumzureiten!

Die uns vor der Bundestagswahl 2017 sowohl das Wählen der AfD als auch das Nichtwählen als gleichermaßen inakzeptabel hingestellt haben, so daß wir nur noch die Alternative gehabt hätten, entweder genau die Pfeifenheinis wiederzuwählen, über deren quälende Inkompetenz diese Clowns üblicherweise selber hemmungslos herzuziehen pflegen – oder eine Partei zu wählen, mit deren Programmen wir überhaupt nicht einverstanden sind!

Und all das nur, um eine Partei zu verhindern, die aus dem Versagen der etablierten Parteien überhaupt erst entstanden ist??

Mein Vorschlag an diese Humoralapostel:

Lest erst einmal die Worte von einem der ersten "Rechtspopulisten" in der Migrationsfrage auf
https://www.zeit.de/2011/43/50-Jahre-Migration-Schmidt
und dann denkt darüber nach, was Ignatio Silone gemeint haben könnte, als er 1944 sagte: „ Der neue Faschismus wird nicht sagen: Ich bin der Faschismus. Er wird sagen: Ich bin der Antifaschismus."

Sprich: Saskia Eskens Antifa.

Es gibt keine gute Demagogie.

Wer weiß denn, wie viele Eurer automatischen Beifallspender in der Anonymität der Wahlkabine ihre Stimme heimlich den Braunen gegeben haben mögen, während sie nach außen weiter den braven Sozi oder GRÜN-Wähler geben, um nicht als Rechtspopulisten diffamiert zu werden, mit denen ja derzeit jeder über einen Kamm geschoren wird, der sich nicht willenlos von der Welcome-Welle mitreißen läßt. Heimlichkeit und Schnauze halten ist halt das erste, was man in einer Diktatur lernt!

Und Raute?

Alpha-Männchen-Klatscherin, Vaterlandsverramscherin, reine Lippenbekennerin mit einer Banalrhetorik auf Kalenderspruch-Niveau, die mit ihrer Politik der Politiklosigkeit, ihrer lähmenden Unentschlossenheit eine Käseglocke über das Land gestülpt hat, unter der es langsam erstickt?

Gegen die Aussitzer Kohl gewirkt hätte wie ADHS?

Kaum hatte sie die historische Wahlschlappe im September 2017 ins Nirwana ignoriert, stand sie schon wieder auf der Kanzel, gab offen zu, daß sie blind ist – weil sie einfach nicht sehen konnte, was sie anders oder besser hätte machen können – und bestand dann bockig-beleidigt darauf, jetzt endgültig auch nichts mehr hören zu können, zum Beispiel von Schulen, in denen es „angeblich durch die Decke regnet".

Gegen die helfen auch Knoblauch und Christuskreuz nicht mehr.

Was sonst noch in Deutschland geschah:

*https://www.rnz.de/nachrichten/bergstrasse_artikel,-Bergstrasse-**Albert-Schweitzer-Schule-Weinheim-Wasserschaeden-blaetternder-Putz-und-broeckelnder-Beton-**_arid,171889.html*

*http://www.fr.de/frankfurt/muenzenbergerschule-frankfurt-**decke-in-schule-stuerzt-ein**-a-320325*

*https://www.nrz.de/staedte/duesseldorf/**ekel-toiletten-werden-fuer-schule-zum-problem**-id211064543.html 25*

Kapitel 3

Laßt mich Arzt, ich bin durch!
oder
All You Can Treat

Ich selbst wurde elf Jahre nach Kriegsende in einer Stadt im Südwesten Deutschlands geboren als drittes von insgesamt zehn Kindern, denen unsere Eltern miteinander und nach ihrer Scheidung jeweils noch mit einem zweiten Partner das Leben geschenkt haben. Wie bereits erwähnt waren meine Eltern gläubige Christen, die regelmäßig sonntags mit uns in die Kirche gingen. Anschließend an den Gottesdienst besuchten wir oft erkrankte Gemeindemitglieder im Hospital und sangen ihnen mehrstimmige Choräle vor.

Musikalisch waren wir ja.

Dieser atemraubende Karboldunst auf den Fluren, die Ahnung von den stillen Qualen in den Krankenzimmern, den Schmerz, das Ausgeliefertsein, brannten sich mir ins Gedächtnis und machte mich wild entschlossen, Krankheit bis aufs Messer zu bekämpfen, einfach weil sie mir selbst eine Heidenangst einjagte! Doch dafür mußte ich erst einmal ihre Ursachen erforschen. Eine einleuchtende, wenn auch etwas unpraktische Erklärung findet sich im TAO:

„Daß wir ein Leid haben ist, weil wir einen Leib haben.
Wären wir ohne Leib – was hätten wir für Leid?"

Was soll ich sagen - das Heilige ist bisweilen auch ganz schön banal!

Anfang der 1980er Jahre heiratete ich, bekam zwei Kinder, wurde wieder geschieden, bekam noch ein drittes Kind von einem zweiten Mann - allesamt gelungene Exemplare ihrer Spezies – holte das Abitur auf dem Zweiten Bildungsweg nach und studierte gegen alle Warnungen Medizin.

Warnungen, weil es damals noch genug Ärzte gab.

Jeder Chefarzt konnte sich aus dem Stapel der täglich zugesandten Bewerbungen die Besten herauspicken und mit ihnen machen, was er wollte.

Als Hauptkriterium, um einen Medizinstudienplatz zu erhalten, dient seit fünfzig Jahren praktisch ausschließlich die Abiturnote.

Sie gilt seit Einführung des Numerus Clausus als Hauptkriterium dafür, mit wie viel Liebe, Herz und Verstand ein Arzt, eine Ärztin später praktizieren würden.

Andere, für die Eignung zum Arztberuf auch nicht unwichtige Voraussetzungen spielen seither praktisch keine Rolle mehr.

Zum Beispiel die Bereitschaft, den Arztberuf später auch auszuüben. Ihn in diesem Land auszuüben!

Unklug dieser NC, wie man inzwischen weiß.

Denn unsere Einser-Abiturienten erwiesen sich am Ende tatsächlich als so schlau, für wie man sie hielt. Zu schlau nämlich, um sich am Ende einer mindestens dreizehn Jahre dauernden Ausbildung - Erwerb der Facharztanerkennung als Voraussetzung für spätere Kassenzulassung eingerechnet - für kleines Geld in die Knechtschaft der Kassenärztlichen Vereinigung zu begeben, für die Krankenkassen kostenlos Büroarbeit zu erledigen und - Stichwort „Praxisgebühr" - den Kassierer zu machen.

Weibliche Bewerber übrigens landeten damals schon aufgrund der ihnen innewohnenden Gefahr, der Fortpflanzung zum Opfer zu fallen, ganz unten im Stapel.

Also prophezeite man auch mir, zumal im Hinblick auf mein Alter zu Beginn des Studiums – damals war ich sechsunddreißig - daß ich später auf dem Arbeitsmarkt keine Chance haben würde.

Alter ist relativ.

Dreiundzwanzig Jahre, bevor der willfährige Handlanger der Wirtschaftsbosse und devote Putin-Knecht, Sozialisten-Fake im Brioni-Outfit, ehemaliger „Frauen und Gedöns"- Schröder, dessen wahre Gesinnung sich spätestens durch die Übernahme des Rosneft-Postens in ihrer ganzen Obszönität offenbart hat, lebender Beweis dafür, daß Rücksichtslosigkeit, Machtgier und Verrat an den eigenen Idealen unabhängig von einer Herkunft als arme Socke sein können, mit seiner Agenda 2010 begonnen hat, das Land zu desozialisieren und seine Cohibas auf dem Buckel der arbeitenden Bevölkerung auszudrücken und einundzwanzig Jahre, bevor Merkel als letzte begriffen hat, daß Atomkraft wirklich „pfui" ist, waren beide auch schon sechsunddreißig. Und Merkel, unsere Mutti für Multimilliardenkonzerne, hat es auch nicht wirklich begriffen. Ihr Opportunismus basiert ja nicht auf Erkenntnis sondern, naja, auf Opportunismus halt.

Aber dann kam es ja doch etwas anders. Heutzutage bewerben sich die Kliniken bei uns. Nur sind wir nicht mehr in der Lage, uns die Besten aussuchen zu können, allenfalls noch die am wenigsten Schlechten. Während die Vertragsärzte noch bis zum Jahr 2009 mit Erreichen des 68. Lebensjahres gezwungen wurden, ihre Kassenzulassung zurückzugeben um einer nachrückenden Ärztegeneration Platz zu machen, erhalten jetzt auch die Ältesten unter ihnen Bettelbriefe von der Kassenärztlichen Vereinigung, ob sie sich auf ihre alten Tage nicht vielleicht nochmal an der Patientenversorgung beteiligen wollen, zum Beispiel im Hausärztlichen Notdienst. Inzwischen bieten sie ihnen sogar Geld dafür!

Doch natürlich wäre die KV nicht der habgierige Verein, der sie ist, wenn sie sich nicht einen ordentlichen Batzen davon wiederholen würde, indem sie ihren Vertragsärzten am Ende des Quartals einen sogenannten „Beitrag zur Finanzierung des Hausärztlichen Notdienstes" gleich wieder vom Honorar abzieht.

Im Bezirk Westfalen-Lippe waren das im Jahr 2014 pro Vertragsarzt 135 Euro monatlich. Hochgerechnet auf etwa 175.000 Vertragsärzte in ganz Deutschland wären das mehr als 23 Millionen Euro pro Jahr.

So kommt es zum weltweit einmaligen Phänomen, daß ein Arzt die Kosten, die seine Arbeit am Patienten verursacht, selber tragen muß. Warum?

Weil er es sich gefallen läßt.

Hausärztinnen und Hausärzte leisten mittlerweile bis zu dreißig Prozent ihrer Arbeit unbezahlt, während die ganz großen Summen der sogenannten „Apparatemedizin" zufließen, die im Vergleich mit einem Minimum an Zeit für den einzelnen Patienten auskommt.

Da fängt unsereins schon mal an mit den Zähnen zu knirschen, wenn diese nach durchgeführter Untersuchung vom Apparatemediziner möglichst zügig wieder aus dem Sprechzimmer hinauskomplimentiert werden mit der Empfehlung, sich auch noch die von ihnen erhobenen Befunde vom Hausarzt erklären zu lassen!!

Diesen aufwändigsten, am miserabelsten honorierten Teil, die sogenannte „Sprechende Medizin", leistet immer noch die Hausärzteschaft, einschließlich der psychischen Kleinwäsche, derentwegen ein nicht geringer Teil der Patienten für eine Quartalsflatrate auf Handy-

Prepaid-Vertragsniveau beliebig oft in die Sprechstunde kommt um sich anschließend darüber zu beklagen, daß Frau Doktor nie genug Zeit hat.

Liebe Patienten, wenn der Hausarzt sich Zeit für Euch nimmt kann er seine Praxis dicht machen. Ganz einfach.

Ich nenne es „Barfußmedizin auf ganz hohem Niveau". Bedankt Euch bei der KV und Eurer Krankenkasse.

Über die Finanzaktivitäten von FIFA, Pharmaindustrie, Banken oder Kirche wissen wir mittlerweile fast alles. Selbst über die finanziellen Verflechtungen der Mafia gibt es keine großen Geheimnisse mehr. Doch kaum jemand hat auch nur den blassesten Schimmer, in welchen Kanälen die Abermilliarden versickern, die jedes Jahr ins wohl teuerste Gesundheitssystem der Welt fließen – und Freunde der Nacht, wir reden hier von Summen, bei denen selbst die Kirche vom Glauben abfallen und ein Mafioso ehrfürchtig in die Knie gehen würde: Eine Milliarde Euro.

PRO TAG!

12,50 Euro an jedem einzelnen Tag, von jedem einzelnen Bürger, vom Säugling bis zum Greis! Der Hausarzt erhält davon pro Patient etwa 12,50 Euro im Monat.

Wo bleibt der Rest?

Kaum jemand hat eine Ahnung, was Krankenkassen und KVen mit diesen gigantischen Summen anstellen. Nur wieder die beklemmende Gewissheit, daß die Mischung aus Macht und Moneten bisher noch immer zu Mißbrauch, Korruption und Betrug geführt hat, umso sicherer, wenn es keine Kontrolle gibt.

Und die gibt es faktisch nicht.

Erinnern wir uns doch nur an die Schamlosigkeit, mit der der frühere Vorsitzende der Kassenärztlichen Bundesvereinigung Andreas „die Fleischmütze" Köhler sich kurz vor seiner Pensionierung noch einen saftigen Zuschlag zu seinem Gehalt genehmigte, um seine Pensionsansprüche zu maximieren.

Kein Geringerer als der damalige Gesundheitsminister, der bereits an anderer Stelle zitierte „Kinder-Nur-Für-Akademiker"- Bahr, hatte ihn damals auf die Seite ziehen und ihm auf die Griffel hauen müssen, nachdem alle Kritik an ihm abgetropft war wie Schweiß von der Stirn beim eifrigen Geldscheffeln. Hat aber nicht viel genützt.

So konnten sich unsere neunmalklugen Einser-Abiturienten auch ausrechnen, in welchem Ausmaß sie von KV und Kassen in wirtschaftlicher Hinsicht verschaukelt werden würden und verabschiedeten sich noch schneller aus der Patientenversorgung oder gleich aus dem ganzen Land.

Glück für mich!

So konnte ich, obwohl ich im Verlauf noch einige Altersgrenzen mehr überschritten habe, bis heute in meinem Beruf arbeiten und hatte das eigentlich auch weiterhin vor. Das war der Plan.

Tja, der Mensch denkt, die KV zertritt unsere Interessen, die Bürokratie lenkt uns ins Aus.

Kapitel 4

Deutschland, Deine Schwerverbrecher
oder
Making A Murderer

Anfangen will ich mit dem Ende: meiner Verhaftung an einem sonnigen Samstagmorgen im Frühjahr 2017 als Folge mehrerer Gesetzesverstöße einer Sachbearbeiterin in einem süddeutschen Straßenverkehrsamt und des menschlichen Versagens einer niederbayrischen Staatsanwaltschaft.

Zunächst nochmal eine kurze Erläuterung, womit ich mein Haupteinkommen seit 2011 erzielt habe, und zwar mit der Durchführung der sogenannten „Fahr- und Sitzdienste" im Hausärztlichen Notdienst, der außerhalb der üblichen Praxisöffnungszeiten bundesweit unter der 116 117 zu erreichen ist. Der mußte in den vergangenen Jahren neu organisiert werden, weil die KV immer weniger in der Lage ist, ihre Hauptaufgabe zu erfüllen, nämlich die Sicherstellung der Patientenversorgung an jedem Ort zu jeder Zeit.

Davor waren ausschließlich die Hausärztinnen und Hausärzte für diese Luxusversorgung zuständig. Doch die sterben ja bekanntlich aus oder sind auf der Flucht und es fehlt an Nachwuchs, dank unserer kranken Gesundheitspolitik und der totalitären Herrschaft der KV. Deshalb müssen sich jetzt sämtliche niedergelassenen Vertragsärzte, also auch Orthopäden, Laborärztinnen oder Radiologinnen an der Durchführung der Notdienste beteiligen, Ärztinnen und Ärzte, die zu Recht von sich sagen, daß sie dafür nicht mehr qualifiziert sind, daß sie eher eine Gefahr für Leib und Leben der Bevölkerung darstellen.

Diese „fachfremden" Ärzte jedenfalls übergeben ihre Dienste deshalb gern an erfahrenere Kolleginnen und Kollegen, für die sich die Bezeichnung „Poolarzt" eingebürgert hat.

Schon nach kurzer Zeit hatte ich einen treuen Kundenstamm und begann davon zu träumen, mir auch ein Wohnmobil anzuschaffen, wie viele andere Kollegen, denn diese Dienste dauern bis zu 24 Stunden, verursachen auch einiges an Büroarbeit, meist befindet man sich in einer fremden Stadt und nicht immer lohnt sich ein Hotelzimmer. In Gedanken hatte ich es sogar schon zum „MediMobil" umgebaut, in welchem sich kleinere Laboruntersuchungen, EKG und Ultraschall durchführen lassen - eine mittlerweile auch in Deutschland in medizinisch unterversorgten Gebieten oder für die Versorgung Obdachloser bereits praktizierte Lösung.

Doch daraus wird jetzt nichts mehr.

An diesem sonnigen Samstagmorgen um 7 Uhr klingelten zwei Polizeibeamte in schußsicheren Westen an meiner Wohnungstüre, bereit, sie mit Gewalt aufzubrechen, falls ich nicht freiwillig öffnete.

Also öffnete ich freiwillig, um mich herum nur der eilig übergeworfene Morgenmantel und das übliche Chaos, wenn man zum Aufräumen einfach zu traurig ist. Es ist ja nicht so, daß die hier geschilderten Erlebnisse bei mir nicht ihre Spuren hinterlassen hätten.

Es ging um eine Geldstrafe von 2.700 Euro, die ich nicht hatte bezahlen können, aber auch nicht bezahlen wollte, was sich aus der Art und Weise erschließt, wie sie zustande gekommen war. Dazu später mehr.

Ich sollte das Geld sofort auf den Tisch legen, ansonsten müsse ich die Strafe in der hiesigen JVA absitzen zu einem Tagessatz von 100 Euro, also 27 Tage.

Hoeneß hat den Steuerzahler um mehr als das Tausendfache beschissen, ging als größter Salamitaktiker in die Geschichte ein, kam nach weniger als zwei Jahren wieder frei - und wurde zum Präsidenten gewählt.

Populus vult decipi ...

Sein Tagessatz betrug somit etwa 4000 Euro.

Bei diesem Tagessatz hätte ich die JVA schon nach 16 Stunden wieder verlassen können.

Zugegeben, sein Vergehen war ein anderes, während ich überhaupt keines begangen hatte, aber wenn es um abgebrühte Früchtchen geht, darf man auch mal Äpfel und Birnen vergleichen. 27 Millionen Euro ... Wie viele Schultoiletten hätte man dafür sanieren, wie viele Lehrer, Richter, Polizisten neu einstellen können!

Andererseits - wenn der Staat unsere Steuern wirklich dem Zweck widmen würde, für den sie ursprünglich gedacht waren, nämlich in erster Linie dem Wohl und dem Schutz derer, die sie erwirtschaftet haben, dann wären womöglich auch Spiel- und Selbstsüchtige wie Hoeneß bereit, ihren Sozialbeitrag zu leisten. Aber ganz sicher nicht, um ihn jedes Jahr unter „ferner liefen" im Bericht des Bundesrechnungshofes über die schlimmsten Steuergeldverschwendungen wiederzufinden! Oder auf der Rechnung über die astronomischen Summen, die der Steuerzahler latzen mußte, damit griechische Milliardäre weiterhin in Steuerfreiheit leben und Banker weiterhin mit unserem Geld Monopoly spielen können!

Otto-Normalverdiener – früher mal „ehrlicher Steuerzahler" genannt - würde aus dem gleichen Grunde auch nicht mehr freiwillig zahlen.

Deshalb wird er vom Fiskus ja auch Monat für Monat enteignet, indem dieser ihm einen - für die Armen zu hohen, für die wirklich Reichen zu geringen - Teil seines Einkommens gleich wieder abzieht und ihn dann noch zwingt, den Betrag, den er dabei zu viel einbehalten hat, einmal im Jahr durch die Abgabe einer Steuererklärung zurückzufordern. Und damit dieser Anteil möglichst gering ausfällt, hat der Gesetzgeber das weltweit komplizierteste Steuergesetzwerk geschaffen, bei dem selbst Experten kaum mehr durchblicken, wohl wissend, daß Otto-Geringverdiener sich einen Steuerexperten überhaupt nicht leisten kann.

So kassiert der Staat den Steuerzahler zweifach ab und wird dabei noch nicht einmal rot.

Ich wäre ja sogar bereit gewesen, in den Knast zu gehen. Schließlich hatte ich in meiner Zeit als Taxifahrerin schon für weit geringeren Stundenlohn bewegungslos herumgesessen.

Doch das kam zu diesem Zeitpunkt nicht mehr in Frage, denn wenige Wochen zuvor hatte ich die Stelle in der kleinen Arztpraxis angenommen, die nach einem schweren Unfall des Inhabers sonst hätte schließen müssen. Der Kollege hätte noch einen Herzinfarkt dazu bekommen, wenn ich nicht zur Arbeit erschienen wäre!

Da ich noch im Tiefschlaf gelegen hatte als die beiden Freunde von Recht und Ordnung eintrafen, Beschützer eines Staates, der sie so erfolgreich auf Deeskalation getrimmt hat, daß sie sich noch nicht einmal mehr aufregen dürfen, wenn sie auf offener Straße verprügelt werden, wollte ich den Wasserkocher anwerfen für eine Tasse Kaffee, bevor ich in Handschellen abgeführt werde. Sofort fiel mir einer der Polizisten in den Arm: Von wegen kochendes Wasser! Das würde ich ihnen womöglich ins Gesicht schütten! Daraufhin bat ich, etwas heißes Wasser aus der Leitung entnehmen zu dürfen, ich würde auch ganz sicher nicht versuchen, die beiden damit in der Spüle zu ertränken.

Da ich die geforderte Summe nicht aufbringen konnte, riefen die beiden Ordnungshüter noch einen weiblichen Polizisten herbei, der mich bei der Morgentoilette (wörtlich zu verstehen) und beim Anziehen überwachte und mich anschließend noch einmal von oben bis unten nach Waffen abtastete, dann brachten sie mich auf die Wache.

Drei Polizeikräfte, zwei Streifenwagen – Deutschland, Deine Schwerverbrecher …

Glücklicherweise fand sich jemand, der mir die geforderte Summe leihen konnte und am gleichen Tag noch in bar über den Tresen schob. Sonst hätten sie mich einen Monat lang eingesperrt.

Was soll´s.

Dann hätte ich halt im Knast angefangen, über meine Erfahrungen als Ärztin, Mutter und zunehmend desintegrierter Inländerin zu berichten. Erfahrungen, die in meinen Augen nur noch einen Schluß zulassen: Dieses Land hat den Verstand verloren.

Um meinem Befreier das Geld zurückzahlen zu können, mußte ich nämlich meinen kleinen POLO verkaufen. Eine Entscheidung, die den Steuerzahler am Ende den Gegenwert eines Ferrari gekostet haben dürfte, denn nur mit Fahrzeug und Führerschein hätte ich auch in den nächsten zwanzig Jahren bundesweit und bis in die Schweiz hinein weiterhin gut bezahlte Aufträge annehmen und ein bis sechsstelliges Bruttojahreseinkommen erzielen können.

Zum Beispiel 20.000 Euro als Ärztin in einer Züricher Praxis.

Im Jahr?

IM MONAT!!!

Warum ich dann nicht in der Schweiz geblieben bin?

Nun, in der Schweiz sind WIR die Ausländer und die Schweizer machen aus ihrer Abneigung keinen Hehl. Da wollte ich nicht stören.

So blieb mir nur noch der Weg in die Privatinsolvenz.

Ausgerechnet jetzt meldete sich nämlich das Finanzamt bei mir mit Steuernachforderungen in fünfstelliger Höhe.

Die hätte ich auch gerne zurückgezahlt, denn letztlich verdanke ich diesem Vaterland für Alle mehr Gutes als Schlechtes.

Doch infolge der Insolvenz wird das meiste davon dem Fiskus, sprich: dem Steuerzahler entgehen, zusammen mit Steuern und Sozialabgaben, die ich in den nächsten Jahren und Jahrzehnten noch hätte erwirtschaften können.

Die Summe, die ich im Wege der Privatinsolvenz am Ende zurückzah-len kann, dürfte in Anbetracht meiner nur mehr eingeschränkten Verdienstmöglichkeiten vernachlässigbar sein.

Ich habe dem Finanzbeamten dafür mein Beileid ausgesprochen, ihn aber auch nicht im Unklaren darüber gelassen, wer hier dümmer war als die Polizei erlaubt.

Der Insolvenz wäre ich allerdings, wie sich später herausstellen sollte, nicht nur als Folge der unbarmherzigen Schreibtischtaten deutscher Behörden nicht entgangen, mit denen sie die Reichweite, innerhalb derer ich mir jetzt noch einen Arbeitsplatz suchen kann, auf den Radius begrenzt haben, den man mit dem ÖPNV bewältigen kann, sondern noch aus einem anderen Grund.

Der wiederum liegt an der schon eingangs erwähnten Institution MPU, der ich deshalb ein eigenes Kapitel widme.

Einer muß es ja tun.

Kapitel 5

In Dubio Contra Reum
oder
Verhältnismäßig unverhältnismäßig

Nun zum Casus Knaxus: einem Haltelinienverstoß, der in meine im vorigen Kapitel beschriebene Verhaftung mündete, dem furiosen Finale eines Dramas, als hätte Franz Kafka erst eine Nase Koks gezogen und sich dann an eine eigene Version von „VIEL LÄRM UM NICHTS" gemacht.

Anfang 2015 arbeitete ich in einer kleinen Hausarztpraxis in Süddeutschland. Eines Tages wurde ich zu einem eiligen Hausbesuch bei einer alten Dame gerufen. Sie war mit der heutzutage üblichen Herzlosigkeit und der Diagnose „Krebs im Endstadium" aus dem Krankenhaus entlassen worden, um daheim allein, aber kostenneutral ihre letzten Atemzüge auszuhauchen.

Sie wußte vor Verzweiflung nicht aus noch ein, entsprechend zügig fuhr ich los.

Auf dem Weg zu ihr näherte ich mich einer Ampelkreuzung. Die Ampel zeigte Rot.

Ich war noch etwa 50 Meter entfernt, reduzierte meine Geschwindig-keit, blickte kurz aufs Navi, um mich nicht womöglich zu verfahren und kostbare Zeit zu verlieren - plötzlich traf mich der Blitz.

Ich war völlig überrascht, stand aber sofort auf der Bremse - alter Taxifahrerreflex - legte den Rückwärtsgang ein und fuhr ein paar Meter zurück.

Da erst sah ich sie: Eine Ampel, die der eigentlichen Kreuzungsampel vorgeschaltet war. Die hatte ich übersehen.

Ich hatte ja auf den Verkehr geachtet, die korrekte Geschwindigkeit, die anderen Verkehrsteilnehmer - ach, ich Dummerle ...

Inzwischen kam der zweite Blitz, ein zweites Foto, welches zeigen soll, ob man die Kreuzung, den sogenannten „Gefahrenbereich" tatsächlich überquert hat – was ja nicht der Fall war – schließlich blitzte es noch ein drittes und viertes Mal, denn ich hatte das Rotlicht ja noch einmal, diesmal rückwärts überfahren.

Es war auch nicht so, daß ich andere Verkehrsteilnehmer gefährdet hätte, denn die vorgeschaltete Ampelanlage diente nur dem Zweck, den wenigen, aus einer kleinen Straße rechts kommenden Autofahrern ein problemloses Einordnen vor der eigentlichen Ampelkreuzung zu ermöglichen.

Gefährdet war nach wie vor nur meine Patientin.

Es kam hier also ein schlichter Haltelinienverstoß in Frage gemäß **§§49 Abs. 3 Nr. 2 und 37 Abs. 2 Nr. 1 und 2 StVO:**

„Kommt der Kraftfahrer zwar erst hinter der roten Ampel aber noch vor dem Gefahrenbereich zum Stehen, liegt lediglich ein sogenannter "Haltelinienverstoß" vor. Dieser wird laut aktuellem Bußgeldkatalog mit einem geringen Bußgeld von 10 Euro geahndet."

Ein mit mehr Menschlichkeit und Prinzipientreue gesättigter Sachbearbeiter hätte für diesen Vorgang auch den Tatbestand der sogenannten „Notstandslage laut § 34 StGB" gelten lassen. Genau für solche Fälle wurde dieser Paragraph schließlich erfunden.

Doch Herzlosigkeit hier, Gnadenlosigkeit dort.

Denn, wie mir später ein Fachanwalt für Verkehrsrecht erläuterte, gehört es bei den chronisch klammen Kommunen mittlerweile zur zur Gepflogenheit, selbst in noch viel unzweifelhafteren Fällen von Nichtverstößen stumpf Bußgeldbescheide zu verschicken. Dieser automatische Akt, den auch ein dressierter Affe erledigen könnte, lohne sich für die SachbearbeiterInnen in jedem Fall.

Einerseits sparten sie sich so die Arbeit, jeden Vorgang einzeln und differenziert zu bewerten, obwohl sie genau dafür bezahlt werden, andererseits würden die Opfer oft genug stillschweigend zahlen, um ein gerichtliches Verfahren mit ungewissem Ausgang zu vermeiden.

So würden die SachbearbeiterInnen auf den Straßenverkehrsämtern auch noch mit zu Unrecht kassierten Bußgeldern den mageren Stadtsäckel füllen und ihr eigenes Gehalt erwirtschaften. Eine win-win-Situation innerhalb der Kommunen, die somit besser von den Verkehrsverstößen ihrer

Bürger leben, als davon, den Verkehr sicherer zu machen und die sich auch noch an ihren eigenen Gesetzesverstößen bereichern, während die Bürger solche Schurkenstücke mit viel Geld und Zeit, womöglich gar mit Gesundheit und Leben bezahlen müssen.

Kein Wunder, daß unsere Gerichte überlastet sind, wenn sie sich auch noch mit vorsätzlich rechtswidrigen Bescheiden der Behörden herumschlagen müssen!

Aus Pressemitteilungen dieser Stadt geht übrigens hervor, daß es an besagter Ampelanlage allgemein zu einer auffälligen Häufung von Rotlichtverstößen kam, was ebenfalls dafür spricht, daß die Verkehrsführung an diesem Ort verwirrend war:

http://www.badische-zeitung.de/loerrach/ein-gruen-weniger-soll-umgang-mit-rot-erleichtern--69617339.html

„ ... Stadt reagiert an der Ampel Freiburger Straße auf Einwände ge-gen Bußgeldbescheide / Gutachter weisen auf Irritationen hin. ... "

Doch wenn es aufgrund verwirrender Verkehrsführung zu Unfällen kommt, waschen die Verantwortlichen ihre Hände in Unschuld. Ihr Mantra: „Rot ist Rot!" Sie verfügen nicht über das nötige Gewissen, um Leben und Gesundheit der Bürger über das finanzielle Interesse der Kommune zu stellen. Man wird aus Schaden nicht klug, wenn man davon reich wird.

Auch ich hätte eine höhere Geldstrafe in Kauf genommen, um ein Fahrverbot zu vermeiden, denn ein solches würde für mich ruinöse Folgen haben.

Es wäre schon kaum möglich gewesen, mir innerhalb des dafür vorgesehenen Zeitraumes einen Monat freizuschaufeln, was wiederum an einer weiteren Besonderheit liegt: Im Rahmen der Neuorganisation des Hausärztlichen Notdienstes erhalten die Vertragsärzte alle Termine gleichzeitig zu Jahresbeginn und geben ihre Dienste dann umgehend an uns „Poolärzte" weiter.

Danach reduziert sich das Angebot merklich, deshalb war ich terminlich bis zum Jahresende verplant. Es hätte meinen Ruf als zuverlässiger Kollegin ruiniert, hätte ich meinen Auftraggebern die durchschnittlich 15 – 20 Dienste eines ganzen Monats wieder zurückgeben müssen.

Zudem hätte ein einmonatiges Fahrverbot mir neben der eigentlichen Geldstrafe auch noch einen Einkommensausfall in vierstelliger Höhe beschert, und das zu einer Zeit, als ich infolge der ruinösen Kampagne der KV dem finanziellen Ruin schon bedenklich nahe- gekommen war.

Und all das für ein 10-Euro-Delikt?

Schon mal was von Verhältnismäßigkeit gehört, Gesetzgeber?

Oh, ja! Hat er! Hat er sogar zum rechtsstaatlichen Prinzip erhoben, die Pflicht zur Beachtung der Verhältnismäßigkeit bei behördlichen Entscheidungen!

Guckst Du:
https://de.wikipedia.org/wiki/Verh%C3%A4ltnism%C3%A4%C3%9Figkeit sprinzip_(Deutschland) :

„Verhältnismäßigkeit verlangt, dass jede Maßnahme, die in Grundrechte eingreift, einen legitimen öffentlichen Zweck verfolgt und überdies geeignet, erforderlich und verhältnismäßig im engeren Sinn („angemessen") ist. Eine Maßnahme, die diesen Anforderungen nicht entspricht, ist rechtswidrig. ..."

Die Väter und Mütter unserer Verfassung haben nur leider vergessen, dem Grundgesetz noch Paragraph Schnürsenkel hinzuzufügen, der besagt, daß geltendes Recht gefälligst auch anzuwenden ist!

Dabei sind wir doch sonst so gründlich!

Sie konnten sich halt nicht vorstellen, wie tief deutsche Behörden in Bezug auf Moral und Anstand einmal sinken würden.

Deshalb werden immer neue Gesetze gefordert, obwohl es sie längst gibt. Weil sie einfach nicht angewandt werden.

So kommt es, daß die Deutschen nur Weltmeister im Gesetze machen sind, nicht aber im Recht schaffen.

Der Haltelinienverstoß geschah am 5. Dezember 2014.

Der Bescheid des Straßenverkehrsamtes wurde am Dienstag, den 27. Januar 2015, von der Post geliefert, also fast zwei Monate später.

Ich selber hatte den Vorgang bis dahin vergessen denn ich war überzeugt, er würde als harmlose Ordnungswidrigkeit in einem medizinischen Notfall zu den Akten gelegt.

Ich konnte mir nicht vorstellen, daß irgendjemand mir ernsthaft einen Strick daraus drehen würde.

Ach, ich Dummerle …

Frau E., die Sachbearbeiterin des zuständigen Straßenverkehrsamtes, hatte sich fast zwei Monate Zeit gelassen, mir den Bescheid zuzuschicken, gönnte mir für meinen Widerspruch aber nur zwei Wochen.

„Pech" für mich: ich hatte mittlerweile einen Auftrag in der Schweiz angenommen.

Vorher hatte ich mich in Kenntnis der saftigen Preise in unserem kleinen Nachbarland schon mit allem Lebensnotwendigen für die knapp drei Wochen Aufenthalt dort eingedeckt und mich wahrscheinlich genau an dem Tag auf den Weg gemacht, als der Bescheid eintraf.

Die ersten Tage verbrachte ich wieder im Auto und nutzte die Gelegenheit, mir die Schweiz mal da anzuschauen wo sie mehr hoch als breit ist. Meine Auftraggeber hatten mir zudem eine Unterkunft zur Verfügung gestellt, die ich schon vor Beginn meiner eigentlichen Tätigkeit beziehen konnte und von der aus ich an schönen Tagen Jungfrauenjoch und Eiger Nordwand in der Ferne sehen konnte.

Mein letzter Urlaub war 40 Jahre her!

Knapp drei Wochen später, zurück in meinem Gästehaus in einem winzigen Kurort in Süddeutschland, fand ich den Bescheid des Straßenverkehrsamtes vor.

Frau E. hatte den Haltelinienverstoß als vollendeten Rotlichtverstoß gewertet: Geldstrafe, Fahrverbot, Peng, du bist tot.

Und die Widerspruchsfrist war genau einen Tag vor meiner Rückkehr abgelaufen. Doch wenigstens das, so dachte ich, sollte kein Problem

sein, dafür haben wir schließlich …
§ 233 ZPO

„War eine Partei ohne ihr Verschulden verhindert, eine (...) Frist zur Begründung der Berufung, der Revision, der Nichtzulassungsbe-schwerde oder der Rechtsbeschwerde oder die Frist des § 234 Abs. 1 einzuhalten, so ist ihr auf Antrag Wiedereinsetzung in den vorigen Stand zu gewähren."

Ich erklärte Frau E. also schriftlich und telefonisch, wie der Verstoß zustande gekommen war, daß und warum ich auf gar keinen Fall auf meinen Führerschein verzichten könne und bat sie um Verständnis, Nachsicht und Wiedereinsetzung in den vorigen Stand.

Was sag´ ich - angefleht hab ich sie!

Nach entsprechender Aufforderung legte ich Nachweise vor, die geeignet waren, meinen Aufenthalt in der Schweiz für den fraglichen Zeitraum zu bestätigen. Nur nicht für die ersten 48 Stunden, in denen ich durch die Schweiz gefahren war und im Auto gewohnt habe.

48 Stunden, die für den Antrag jedoch maßgeblich waren.

Und immer noch hoffte und glaubte ich, daß in Anbetracht der Geringfügigkeit des mir vorgeworfenen Delikts, der Tatsache, daß niemand gefährdet worden war, daß es sich um einen Notfall gehandelt hat und nicht etwa um das Rowdytum, das der MPU-Parapsychologe Jahre später daraus zu extrahieren versuchte, daß bei Frau E. Menschlichkeit und Gesetzestreue siegen würden über deutsche Gründlichkeit mit ihren furchtbaren Folgen.

Ach, ich Dummerle ...

Frau E. hatte sich derart festgefressen an diesen 48 Stunden, für die ich kein „Alibi" hatte, daß sie sich nicht nur nicht mehr an den Notstandsparagraphen oder das Verhältnismäßigkeitsprinzip, sondern plötzlich auch nicht mehr an das gute, alte „In dubio pro reo" erinnerte, wonach im Strafprozeß „ein Angeklagter nicht verurteilt werden darf, wenn dem Gericht Zweifel an seiner Schuld verbleiben".

Sie betätigte kurz den Taschenrechner der ihr sagte, daß eine rechtskonforme Entscheidung ihr nur Arbeit, der Behörde jedoch keinen adäquaten finanziellen Vorteil verschaffen würde und lehnte meinen Antrag auf Wiedereinsetzung in den vorigen Stand ab. Es habe sich, so beschied sie mir, aus den ihr vorliegenden Unterlagen ergeben, daß ich „nicht während der gesamten Rechtsmittelfrist ortsabwesend war und daher Kenntnis vom Bußgeldbescheid erlangt haben müsse".

Falsch, Frau E.!

Was sich aus den Ihnen vorliegenden Unterlagen, sowie meinen schriftlichen und mündlichen Stellungnahmen ergeben hat, sind glaubhafte Indizien dafür, daß ich vom Bußgeldbescheid KEINE Kenntnis erlangt haben konnte.

Wenn Ihnen schon die Straßenverkehrsordnung und unsere rechtsstaatlichen Prinzipien nicht bekannt sind, die aus Ihrer Entscheidung in mehrfacher Hinsicht eine Rechtswidrige machen, dann hätten Sie immer noch das tun können, was man nennt „den Ihnen vom Gesetzgeber eingeräumten Ermessensspielraum nutzen".

Doch Sie haben mir trotz mehrfacher Bitten noch nicht einmal die Blitzfotos zugeschickt, die meine Interpretation bestätigen könnten. Dazu, so schreiben Sie mir - wenn auch erst nach meiner dritten An-frage - seien Sie nicht verpflichtet, ich könne aber gerne persönlich vorbeikommen, um die Akte an Ort und Stelle einzusehen.

Wissen Sie was, Frau E.?

Stecken Sie sich die Fotos dahin, wo nie die Sonne scheint und bohren Sie weiter in der Nase. Ich freue mich derweil, daß ich das Gehalt für Flachpfeifen wie Sie nicht mehr mitfinanzieren muß. Für später im Himmel wünsche ich Ihnen alles Gute, doch ich fürchte, daß man Sie dort erst gar nicht einlassen wird, denn auch der liebe Gott hat etwas dagegen, wenn man seine Gesetze mißachtet.

Was er mit verschnarchten Bürohühnern wie Ihnen am Ende macht, darüber spekuliere ich noch im nächsten Kapitel.

Ob und wie ein Ermessensspielraum genutzt wird, sagt ja viel aus über die Einstellung des Entscheiders. Da herrscht die gesamte Bandbreite vom „Gnade vor Recht" bis zum „Hängt ihn höher".

Frau E. hatte sich dafür entschieden, den Vorfall so hoch wie möglich zu hängen und sie kann nicht behaupten, sie hätte nicht gewußt, was sie mir damit antut, denn ich habe es ihr fast unter Tränen beschworen. Man möge mir nachsehen, wenn ich diese Person seither bezeichne als „die wahrscheinlich dümmste Praline der Welt".

Jetzt hätte mich mein Weg eigentlich schon wieder zu einem Anwalt führen müssen. Nur hatte ich in den vorangegangenen Monaten drei Anwälten allein gegen die KV schon ein Vermögen geopfert, ohne daß sie mir mein Recht hätten verschaffen können, so daß meine kleinen Ersparnisse und mein Vertrauen in unser Rechtssystem schneller zusammengeschmolzen waren, als eine von galoppierender Schwindsucht befallene Lunge.

Angst essen Seele auf und Streß macht auch nicht klüger.

Also behielt ich die kleine Plastikscheibe, meinen Führerschein, steckte den Kopf in den Sand und hörte auf, darüber nachzudenken, was ich jetzt lieber verlieren wollte: Berufliche Existenz oder Freiheit.

Kapitel 6

Achtung, Obergrenze!
oder
Hör mal, wer da dämmert

Anschließend an die Zeit in dem süddeutschen Städtchen führte mich meine Arbeit in eine Hausarztpraxis in einer kleinen hessischen Ortschaft, von Bayern nur durch den Main getrennt.

Es wurde jetzt auch Zeit, die Wohnung in Westfalen aufzugeben, in welcher ich mit meinem jüngsten Sohn die vorangegangenen fünfzehn Jahre gelebt hatte.

Er hatte sie wenige Monate zuvor mit dem Ziel „Weltreise" verlassen, ich selbst war ja auch ständig unterwegs und konnte auch die Miete nicht mehr bezahlen.

Meine Nachbarin Monika, mittlerweile stolze Besitzerin einer schneeweißen, mit Swarowsky-Kristallen besetzten Armbanduhr, traf mich damals heulend im Treppenflur an, als ich, mehr als dreißig Jahre nach der Geburt meines ersten und wenige Monate nach der Abreise des letzten meiner drei Kinder, deren Wohlergehen und Fürsorge mich mehr als mein halbes Leben auf Trab gehalten hatte, in eine endgültig verlassene Wohnung zurückkehrte.

Ich drückte drei Mitarbeitern einer Entrümpelungsfirma einen halben Monatsverdienst in die schwieligen Hände dafür, daß sie meine Wohnung ausräumen und das taten sie dann auch: Den gesamten Hausrat, dazu das nagelneue Mobiliar meiner kleinen Privatpraxis, die ich kurz nach der Eröffnung gleich wieder hatte schließen müssen, nachdem die KV mit ihrem Kesseltreiben gegen uns begonnen hatte.

Es schmerzt bis heute.

Lassen Sie sich deshalb nicht täuschen von der Flapsigkeit, mit der ich die Ereignisse hier bisweilen kommentiere.

Als der Horror anfing hatte ich ein paar graue Strähnen in den Haaren.

Danach waren sie weiß.

Ich kaufte mir einen Anhänger, stopfte ihn bis unters Dach voll mit der Quintessenz aus einem halben Leben und wohnte von da an in Hotels, später in einem Wohnwagen, schließlich nur noch im Auto.

Doch was jedem amerikanischen Roadmovie seinen Charme verleiht gilt in unserem Land der unbegrenzten Einschränkungen als asozial, verdächtig, ist verboten und - jedenfalls in Bayern: sofort einsperren. Auf Verdacht.

Das haben sie dort doch längst schon praktiziert, bevor mit dem neuen Polizeiaufgabengesetz im Jahr 2018 das Recht auf Unrecht wieder ganz offiziell zur Maxime des Handelns ihrer Vollstrecker werden sollte.

Spätestens jetzt müssen die Engel des Bösen ihrem Meister gesteckt haben, daß ein Stockwerk höher mal wieder ein Film so ganz nach seinem Geschmack ablief, den er gewiss nicht verpassen wollte. Er langweilt sich doch so, seit der liebe Gott nur noch katholische Priester, KV-Vertreter, Terrorbürokraten und Schreibtischtäterinnen wie Frau E. an ihn überweist.

Letztere allerdings schickt er, noch bevor sie in ihrem „Antrag auf Erteilung eines Antragsformulars" für die Anhörung vorm Jüngsten Gericht und anschließende Aufnahme ins Paradies das Kleingedruckte gelesen haben, erst noch ein paar Wochen als Pflegekräfte ins Altersheim – sie sollen wissen, wie ehrliche Arbeit sich anfühlt! - bevor er unsere Gebete erhört und sie allesamt zur Hölle fahren läßt.

Ins Königreich Bayern wiederum sandte er just zu der Zeit, als sie mich dort behandelten wie eine Verbrecherin, eine große Zahl von Menschen aus fernen Ländern, die sich aufgrund ihrer Erfahrungen mit Übergriffen und polizeistaatlicher Gewalt im eigenen Land dort schnell heimisch gefühlt haben dürften.

Mein größtes Problem bestand nun darin, daß ich postalisch nicht mehr erreichbar war und natürlich sollte mir das erneut zum Verhängnis werden.

Mit hundert Briefkastenadressen in Luxemburg hätte ich vermutlich Anspruch auf staatliche Subventionen gehabt. Aber sich an einer Adresse anzumelden, an der man nicht wohnt, weil man beruflich ständig unterwegs ist?

Nur für Zirkusclowns eine Option.

Daß das in unserem Land der uneingeschränkten Grenzen verboten ist wußte ich nicht, ahnte es aber sofort, als ich den entsetzten Gesichtsausdruck des Herrn auf dem Einwohnermeldeamt sah, nachdem ich ihm diesen, in meinen Augen unschlagbar praktischen Vorschlag unterbreitet hatte, als geeignetster Maßnahme, um meine postalische Erreichbarkeit zu gewährleisten als wesentlicher Voraussetzung für fristgerechte Einsprüche. Er hätte nicht weniger entsetzt dreinschauen können, wenn ich ihm einen Zettel mit der Notiz „Bitte lächeln, sonst fliegen wir beide in die Luft" über den Tresen geschoben und dabei nervös an meinem Sprengstoffgürtel genestelt hätte.

Fazit: Von der arbeitenden Bevölkerung wird immer mehr Mobilität und Flexibilität verlangt, auf mehr Flexibilität in der Gesetzgebung wartet man in diesem Land der grenzenlosen Unmöglichkeiten jedoch vergeblich.

Nicht zuletzt deshalb habe ich die Ankunft der vielen, gleich mir mobilen, obdachlosen, vor Armut und Verfolgung fliehenden Menschen begrüßt, die zur Abwechslung mal andere Fehler haben als die unwiderstehliche Neigung zu Korinthenkackerei, gnadenloser Gründlichkeit und dazu, aus jedem feuchten Furz einen eigenen Paragraphen zu destillieren!

Jedenfalls sollte nach mehrwöchiger Zusammenarbeit mit dem Hausarzt in dem kleinen hessischen Ort ein festes Angestelltenverhältnis werden, deshalb brauchte ich - Verbot hin oder her - eine eigene Meldeadresse. Also stellte mir der Kollege dafür seine Privatadresse zur Verfügung, während ich nicht weit entfernt in einem angemieteten Caravan auf einem Campingplatz am See wohnte, von dem aus ich nachts und an den Wochenenden weiterhin Notdienste durchführte.

Wer dort die 116 117 wählte konnte sich darauf verlassen, daß ich bald mit zwei Arztkoffern eintraf, die alles zur Linderung der häufigsten Beschwerden enthielten, vor allem aber darauf, daß ich über genügend Erfahrung verfüge um zu erkennen, wann sich hinter den Oberbauchschmerzen eine „Laktose-Intoleranz-Unverträglichkeit" oder ein aus anderen charmanten Gründen verklemmter Pups verbirgt - und wann ein Herzinfarkt.

Ein Pathologe hätte da seine Schwierigkeiten, könnte aber, falls er sich geirrt hat, anschließend gleich die Obduktion durchführen.

Mein Einkommen wurde regelmäßig aufgefressen von Sprit- und Hotelkosten, Versicherungsbeiträgen und teuren WLAN-Hotspots die ich brauchte, um auch im Lande von Funkloch Ness immer erreichbar zu sein, dazu Mieten und Unterhalt für meine beiden noch in Ausbildung befindlichen Söhne.

Aber der Kollege hatte mich ja gerade über Monate hinaus gebucht, der Vertrag war unterschrieben, bald würde ich wieder über ein regelmäßiges Einkommen verfügen, über die Möglichkeit, mir wieder eine Stammkundschaft aufzubauen, vielleicht sogar meinen Traum vom „MediMobil" zu verwirklichen.

Das war im Sommer 2015.

Der Kollege wiederum sah die Chance gekommen, sein geplantes „Medizinisches Versorgungszentrum" in dieser von Unterversorgung auch schon bedrohten Gegend zu verwirklichen. Das Schwierigste daran ist nämlich, Ärzte zu finden die bereit sind sich irgendwo in der Walachei niederzulassen, als KV-Slaven eine 60-Stunden-Woche zu praktizieren, nur 40 Stunden davon bezahlt zu bekommen, ihre Freizeit mit aberwitziger Bürokratie totzuschlagen und das meiste von dem, was sie im Studium gelernt haben, nur noch bei Privatpatienten praktizieren zu können. Denn von allen schamlosen Lügen, mit denen die Politiker glauben uns verscheißern zu können ist die, daß Privatpatienten nicht besser behandelt würden als Kassenpatienten, die Schamloseste! Unter solchen Umständen kann unsereins selbst eine Belohnung von bis zu 80.000 Euro für die Niederlassung in einer dieser unterversorgten Gegenden nicht mehr locken. Deshalb bekommt man eine voll eingerichtete Hausarztpraxis heutzutage auch schon mal geschenkt.

Ich selbst habe drei solcher Angebote ausgeschlagen, denn hierzu-lande kann man entweder eine Praxis wirtschaftlich betreiben oder die Heilkunst ausüben. Beides gleichzeitig geht nicht mehr, auch wenn Ärzte und Kassenpatienten immer noch tapfer die Augen davor verschließen. Es sei denn, die Hausärztinnen und Hausärzte arbeiten im Akkord für lau und opfern ihre Freizeit, ihre Motivation, ihre Lebensfreude.

Leider tun sie genau das und halten so ein unheilbar krankes System am Leben, an dem sie selbst zugrunde gehen. Auf makabre Weise dazu passend die „Rettet den Facharzt"- Kampagne der Kassenärztlichen Bundes-vereinigung mit ihren Großplakaten, auf denen Fachärztinnen und –ärzte ihre Bereitschaft beschwören, sich für das Leben ihrer Patienten gern tot-zuarbeiten:

https://www.apotheke-adhoc.de/nachrichten/detail/politik/kbv-kampagne-ich-bin-arzt-ich-werde-ihnen-fehlen/

Will heißen: Einem Angestelltenverhältnis hatte ich zugestimmt, doch eine Niederlassung kam für mich nicht mehr in Frage. Nach allem, was ich bis dahin mit der KV erlebt hatte, würde ich eher einem Taliban meine Ka-laschnikow anvertrauen, als der KV meine berufliche Zukunft.

Außerdem mache ich mit Gaunern keine Geschäfte.

Der Kollege war über meine Absage allerdings so enttäuscht, daß er sämt-liche vereinbarten Termine der folgenden Monate kurzerhand cancelte, meinen Arbeitsvertrag schredderte und mich umgehend wieder entließ.

Ein weiterer Schritt in die Pleite.

Ein weiteres Mal, daß ich einen Anwalt hätte bemühen müssen.

Wenige Wochen danach rief mich eben dieser Kollege völlig aufge-löst an: Die Polizei war auf der Suche nach mir bei ihm aufgetaucht!

Frau E. hatte mich zur Fahndung ausgeschrieben, nachdem die Frist, zu der ich meinen Führerschein für das einmonatige Fahrverbot spätestens hätte abgeben müssen, verstrichen war.

Ach, ich Dummerle ...

Hätte ich ihn doch gleich abgegeben und wäre einfach weitergefah-ren! Wie wahrscheinlich ist es schließlich, außerhalb Bayerns in eine Polizeikon-trolle zu geraten, solange man sich an die Verkehrsregeln hält? Unsere rechtsstaatlichen Prinzipien besagen doch auch, daß die Polizei Personen-kontrollen nur mit konkreter Begründung durchführen sollte, zum Beispiel an Orten mit vermehrter Kriminalität oder bei Personen, die sich irgend-wie auffällig verhalten.

Das gilt aber nur in Deutschland.

In Bayern gilt das nicht.

Dort wischt man derart hysterische Bedenken vom Tisch und verweist auf die solchermaßen erzielte, niedrige Kriminalitätsrate.

Kunststück, wenn man die Verstöße der eigenen Ordnungshüter nicht mitrechnet!

Und ich mit meinem Respekt vor dem Gesetz und vor denen, die ausgezogen sind, ihm Geltung zu verschaffen, schreckte immer noch davor zurück, eine Straftat zu begehen. Dazu war ich erst bereit, als ich nur noch die Wahl hatte zwischen Straftat und Untergang.

Also rezitierte ich in Gedanke nochmal unseren Notwehrparagraphen, beschwor den Geist des Hauptmanns von Köpenick, steckte meinen Führerschein in einen Umschlag und warf ihn in den Brief-kasten. Dann stieg ich zurück ins Auto und fuhr einfach weiter. Immer der Arbeit nach.

Unnötig zu erwähnen, daß der Kollege mich sofort wieder von sei-nem Wohnsitz abmeldete, daß ich so kurzfristig keine neue Meldeadresse fand, daß mich daraufhin die Post der bayrischen Verfolgungsbehörden wieder nur über Umwege erreichen und daß die niederbayrische Staatsanwaltschaft meine Bitte um Verlängerung der Einspruchsfristen ablehnen würde, daß ich deshalb wieder eine Frist verpassen und mir auch in diesem Fall die Wiedereinsetzung in den vorigen Stand versagt werden würde, obwohl ich diesmal, als der entsprechende Bescheid der Staatsanwaltschaft eintraf, ganz sicher nicht zu Hause war.

Ich HATTE ja gar kein Zuhause mehr!

Nie werde ich den ungerührten Kommentar der Staatsanwältin vergessen: „Sie können mir doch nicht erzählen, daß fremde Ärzte hier bei uns in Bayern herumfahren und Patienten behandeln! Benutzen Sie gefälligst den Öffentlichen Personen-Nahverkehr!"

Geistig hatte sie damit die Obergrenze auf jeden Fall erreicht.

Ihre Worte erinnerten mich an die ähnlich erschütternde Unwissenheit eines Richters Ende der 80er Jahre, der den bereits erwähnten Vermieter immerhin wegen Beleidigung und Sachbeschädigung zu einer Geldstrafe verurteilt hatte.

Als ich nach der Urteilsverkündung erfuhr, daß das Geld an eine soziale Einrichtung gehen sollte, bat ich darum, es dem örtlichen Frauenhaus zu spenden. Der Richter gab meinem Wunsch statt, konnte sich aber die Bemerkung nicht verkneifen, daß sich ihm bei dem Gedanken daran „der Magen herumdrehe".

Auf meine verblüffte Frage nach dem Warum antwortete er, ein Frauenhaus, das sei doch ein Ort, an dem „Frauen, die schon emanzipiert genug sind noch emanzipierter werden wollen" ...

Der NC für Jura lag damals etwa bei 1.0.

Anscheinend immer noch zu hoch!

Kapitel 7

Königreich Bayern und Freiheitlich Demokratische Grundordnung - eine Geschichte voller Mißverständnisse
oder
Ist Deutschland noch ein sicheres Herkunftsland?

Nach der Kündigung durch den Kollegen in Hessen führte mich die Arbeit Mitte 2015 nach Bayern.

Dort war die Neuorganisation des Hausärztlichen Notdienstes gerade erst in Kraft getreten und auch die bayrische KV suchte händeringend nach Poolärzten. Auch sie schrieben pensionierte Ärztinnen und Ärzte an, ob diese sich auf ihre alten Tage nicht doch nochmal in der Patientenversorgung engagieren wollten.

Blöd nur, daß die KV sich anfangs weigerte, ihnen dafür ein Mindesthonorar zu garantieren, so daß ihr Verdienst abhängig gewesen wäre von der Zahl der im Dienst behandelten Patienten.

In etwa so, als würde der Staat seine Polizeibeamten nur pro Täter bezahlen, die diese im Dienst dingfest machen, nicht aber für die Zeit die sie dafür im Streifenwagen sitzen.

Nicht lange, und die bayrische KV mit ihrer einzigartigen Sparpolitik, als gälte es den Begriff Lohndumping noch ins Himmelschreiende zu steigern, schaffte es nicht mehr, die Patientenversorgung außerhalb der Praxisöffnungszeiten sicherzustellen. Das ist allerdings so ziemlich das Einzige, was sie nervös macht, denn wenn sie das nicht mehr schafft, dann ist auch politisch Schluß mit lustig.

Daß ich mich trotzdem darauf einließ, ein weiteres Mal mit einer KV zusammenzuarbeiten lag einerseits daran, daß es meine letzte Chance war im Geschäft zu bleiben, andererseits, weil ich das Honorar von meinen Auftraggebern erhielt. Und weil ich damals noch nicht wußte, daß Bayern ein Polizeistaat ist. Oder wie sonst läßt sich erklären, daß ich in den wenigen Wochen auf königlich-bayrischem Hoheitsgebiet fünf Mal kontrolliert und einmal eingesperrt worden bin? Das erste Mal stoppten sie mich nachts auf einer kleinen Straße in Wolnzach als ich gerade auf dem Weg zu einer Patientin war. Es gab keinerlei Grund dafür, kein fehlendes Rücklicht, keine Uzi auf dem Beifahrersitz, kein für vermehrte Kriminalität bekannter Ort. Die Ordnungshüter ließen sich meine Papiere aushändigen und zogen sich damit in den Streifenwagen zurück, vermutlich um meine Vita nach „unbayrischen Umtrieben" zu durchforsten. Daß ich auf dem Weg zu einem medizinischen Notfall war interessierte sie nicht.

Nach einer Viertelstunde hatten sie sich davon überzeugt, daß ich dem Freistaat nicht gefährlich werden würde und ließen mich laufen.

Das zweite Mal kontrollierten sie mich an einem Sonntagnachmittag, wiederum ohne Anlaß, denn ich stand nach einem anstrengenden Dienst völlig unauffällig - vom nicht-bayrischen Autokennzeichen abgesehen - auf dem Parkplatz einer 24-Stunden-Tankstelle in Aschaffenburg, hatte dort eine Kleinigkeit gegessen und ruhte mich aus. Plötzlich riß mich das häßliche Geräusch, mit dem eine Polizeimarke auf die Windschutzscheibe knallt, aus dem Schlaf. Zwei Polizeibeamte forderten mich auf, auszusteigen und mich auszuweisen. Dabei stellte sich heraus, daß wir uns schon einmal begegnet waren, und zwar am Vormittag im Dienst: Ein psychisch kranker Mann hatte seine Mutter mit einem Messer bedroht. Die hatte daraufhin zuerst die 116 117 gewählt und anschließend noch die Polizei gerufen, so daß wir gleichzeitig vor Ort eintrafen.

Daran erinnerten sie sich glücklicherweise, so daß sie von einer Anzeige „Wegen verdächtigem Herumstehens auf bayrischem Territorium in einem PKW mit ausländischem Kennzeichen" ausnahmsweise absahen.

Beim dritten Mal befand ich mich gegen 23 Uhr bei einer älteren Patientin in einer eher ruhigen Wohngegend in Würzburg. Meinen POLO hatte ich am Bordstein über Eck geparkt, hinter der Windschutzscheibe deutlich sichtbar die „Arzt-im-Dienst"-Plakette. ansonsten wäre nur noch die Fahrbahn in Frage gekommen, alles dicht an dicht zugeparkt.

Angehörige der Patientin waren auch vor Ort, die alte Dame mußte ins Krankenhaus.

Unter der Nummer 112 teilte man uns mit, daß es länger dauern würde, da nicht genug Einsatzkräfte verfügbar seien. Der Patientin ging es zusehends schlechter. Während wir auf den Notarzt warteten und immer wieder ungeduldig aus dem Fenster schauten, rief mir plötzlich einer der Angehörigen zu: „Schnell, gehen Sie zu Ihrem Auto! Die verteilen schon wieder Knöllchen!"

Tatsächlich: Zwei Ordnungsamtspersonen, die kurz vor Mitternacht mit ihren Taschenlampen auf der Straße herumdelirierten, um auch noch mit den Bußgeldern nächtlicher „Falschparker" – in diesem Wohnviertel praktisch ausschließlich Anwohner - den Stadtsäckel zu füllen. Aber kein Notarzt weit und breit?

Mein Führerschein war zu diesem Zeitpunkt schon nicht mehr gültig und ich wäre ich gut beraten gewesen, mich mit den beiden Jägern der Nacht friedlich zu einigen. Doch in diesem Moment wurde ich zum Wutbürger und ehe ich es verhindern konnte entlud sich meine aufgestaute Spannung über ihren armen Sünderhäuptern.

Glücklicherweise waren diese kommunalen Wegelagerer gegenüber, mit erhöhter Frequenz und verstärktem Schalldruck vorgebrachten Argumenten schon so abgestumpft, daß sie ihre Antwort beschränkten auf ein müdes „Wer schreit, hat Unrecht".

Wer schreit hat Unrecht?

ERZÄHL DAS MAL EINEM FOLTEROPFER!!

Die vierte Kontrolle, die mir dann so richtig zum Verhängnis werden sollte, erfolgte auf einem kleinen, dunklen Rastplatz in Niederbayern, wo ich mich auf dem Weg von einem zum nächsten Auftrag abgeparkt hatte und schlief.

Kurzer Einspieler aus der Sendung „LÖWENZAHN":

„Liebe Kinder, ein Rastplatz, das ist ein Ort, auf dem hungrige, müde Autofahrer parken können um sich für die Weiterfahrt zu stärken und auszuruhen, damit sie nicht unterzuckert oder übermüdet auf der Autobahn herumzugeistern und womöglich Unfälle zu verursachen.

Klingt komisch, iss' aber so."

Da möchte man doch meinen, daß eine Autofahrerin, die nachts auf so einem Rastplatz in seinem PKW liegt und schnarcht selbst von hypersensibilisierten Heimatschützern eher als Otto-Normalfall eingestuft würde, denn als Gefahr für Bayern. Meines Wissens war dieser Ort auch nicht für vermehrte Kriminalität bekannt.

Mich dort aus dem Schlaf zu reißen und ohne jeden Anlaß zu kontrollieren dürfte auf diesem gottverdammten Rastplatz der bis dahin einzige Gesetzesverstoß gewesen sein!!

Wieder wurde ich geweckt vom „Polizeimarke auf Windschutzscheibe"-Geräusch", wieder wurde ich aus dem Auto komplimentiert und aufgefordert, mich auszuweisen, nur hatte ich halt gerade meinen Führerschein abgegeben, damit die Polizei mich nicht länger wegen eines nicht begangenen Delikts quer durch die Republik jagen mußte.

Jetzt erwartete mich also auch noch eine Anzeige wegen Fahrens ohne Fahrerlaubnis und eine saftige Geldstrafe - eben jene 2700 Euro, für die ich beinah in den Knast gewandert wäre – dazu zwei weitere, endgültig ruinöse Monate Fahrverbot. Somit war der Preis für den 10-Euro-Haltelinienverstoß, Einkommensverluste und Geldstrafen zusammengenommen, auf etwa 16 000 Euro angestiegen.

In diesem Moment muß mein Sinn fürs Absurde erwacht sein. Was hatte ich jetzt noch zu verlieren, außer ein paar guten Pointen?

Die Einspruchsfrist gegen den entsprechenden Bescheid verpaßte ich natürlich auch in diesem Fall zwangsläufig und auch bei der anberaumten Hauptverhandlung, bei der ich zumindest das Fahrverbot vielleicht noch hätte abwehren können, war ich nicht anwesend, denn auch die Vorladung dazu hatte mich nicht rechtzeitig erreicht, weil die niederbayrische Staatsanwaltschaft sich ja auch um meine Bitte um längere Fristen einen Dreck geschert hat.

Womöglich hatten sie mir die Bemerkung übelgenommen, daß sie die Einspruchsfristen anscheinend umso kürzer bemessen würden, je länger die Post brauchte um mich zu erreichen. Andererseits hätte meine Anwesenheit bei der Hauptverhandlung mir ohnehin nichts genützt, denn Geld für einen Anwalt hatte ich nicht mehr und finde mal einen, der bereit ist, für ein „Vergelt´s Gott" einen Kampf mit ungewissem Ausgang gegen die Windmühlen niederbayrischen Dumpf- und Stumpfsinns zu führen.

Artikel 6 der Europäischen Menschenrechtskonvention gesteht jedem Bewohner dieses Planeten nur das Recht auf ein faires Verfahren zu, nicht auf ein gerechtes Urteil. Das kostet extra.

So geschah es, daß wieder ein unmenschlicher Bescheid Rechtskraft erlangte und „Die Rechtskraft", so ein Anwalt, indem er ein unter Juristen übliches Zitat wiedergab, „heilt alle Wunden". Nichts mehr zu machen. Kein Widerspruch mehr möglich, kein Einspruch mehr wirksam, sei der Bescheid auch noch so ungerecht, selbst der liebe Gott persönlich - hm ... obwohl ... Also ein Gnadengesuch wäre den Versuch vielleicht noch wert! Gnadengesuch?

Hörte sich gut an!

https://www.strafrecht-bundesweit.de/info-recht-verhalten-strafverfahren/gnadengesuch/

„... Ein Gnadengesuch kann nur dann Aussicht auf Erfolg haben, wenn das förmliche Recht aus bestimmten Gründen nicht geeignet ist, im Einzelfall zur Gerechtigkeit zu verhelfen. ..."

Und der wissenschaftliche Dienst des Deutschen Bundestages erklärt *„Das Gnadenrecht hat die Aufgabe, Härten und Unbilligkeiten von strafgesetzlichen Entscheidungen auszugleichen (...)*

Besser hätte auch ich es nicht formulieren können!

Und wenn man bedenkt, wer im Laufe der Zeit schon alles begnadigt worden ist: Mehrfach-Frauenmörder wie Jack Unterweger, Nazis und Kriegsverbrecher wie Alfried Krupp, ehemalige RAF-Terroristen und um ein Haar auch Christian Klar, hätte er nur einen Funken mehr Reue gezeigt über die gemeinschaftlich begangenen Morde an Buback, Schleyer und Ponto.

Hat er aber nicht.

Deshalb hatte er auch nur eine einzige Fürsprecherin, und zwar die grüne Sykotikerin und Politbombe Claudia Roth, die als Kind in einen Kessel mit explodierenden Farbpatronen gefallen sein muß und die nach der Ablehnung seines letzten Gnadengesuchs durch den damaligen Bundespräsidenten Köhler öffentlich mäkelte, dem Staat ginge es wohl „mehr um Rache, als um Reintegration".

Kleine Erinnerung: die GRÜNEN - das sind die, die der Inzucht innerhalb der Familie das Wort geredet und dafür plädiert haben, Sex zwischen Kindern und alten Knackern zu legalisieren, solange diese die Kleinen nicht mit dem Diesel von der KiTa abholen, uns aber einmal in der Woche nackte Hähnchenschenkel verbieten wollten. Die das traditionelle Aufstellen und Schmücken der Weihnachtstanne vor dem Düsseldorfer Rathauses als „unzeitgemäßes Ritual" abschaffen wollen, weil ihr Freund, der Baum, tot ist.

*https://www.focus.de/regional/duesseldorf/duesseldorf-**die-gruenen-wollen-die-weihnachtstanne-vor-dem-rathaus-abschaffen**_id_6172985.html*

Nicht zu vergessen die Empfehlung des Grünen Volker Beck, wir sollten doch einfach die Sprache der Migranten lernen, wenn wir uns im eigenen Land fremd fühlen.

Welche Sprache, Volker? Migranesisch?

Doch von solchen Narrheiten hört man in letzter Zeit nichts mehr. Damit halten sie sich momentan sehr zurück, so kurz vor den Landtagswahlen *(Anm. d. Verf.: Oktober 2018 in Hessen)*. Diese Energiewendehälse würden einmal die Woche frisches Schweineblut trinken, wenn es ihnen nur helfen würde, endlich, endlich an die Macht zu kommen!

Dann allerdings gnade uns Gott, wenn es ihn wirklich nicht gibt.

Die Grünen werden ja nicht umsonst „Verbotspartei" genannt. Gottseidank zeigt aber die Erfahrung, wie schnell auch die Grünen bereit sind, ihre Ideale zu verraten und es sich auf dem Boden der Realität gemütlich zu machen, wenn sie mal mitspielen dürfen.

*http://www.faz.net/aktuell/politik/inland/**gruene-sprechen-sich-fuer-abschiebungen-von-gefaehrdern-aus**-15747437.html*

Na, endlich!

Ok, ich geb´ zu, auch ich habe sie einst gewählt.

Ich war jung und brauchte das Geld …

Zurück zum Gnadengesuch.

Auf dieses Mittel setzte vor einigen Jahren auch der türkische Staatsbürger Muhlis A., alias „Mehmet", der sich schon von Kindheit an buchstäblich durchs Leben geraubt und geprügelt hatte, der seine eigenen Eltern regelmäßig zusammenschlug wenn sie ihm kein Geld mehr geben konnten, bis die ihn selber bei der Polizei anzeigten, und dem wegen zahlloser weiterer Straftaten sowohl in der Türkei als auch in Deutschland hohe Haftstrafen drohen.

Auch er richtete ein Gnadengesuch an den damaligen Bundespräsidenten dieses Staates, der ihm - so greint er in einem Interview mit „WELT online" vom 6. Oktober 2013 in gewohnt bockiger Uneinsichtigkeit - „sein Leben verpfuscht" habe, weil er ihm „keine Chance" gegeben habe sich zu integrieren":

https://www.welt.de/vermischtes/article120665067/**Mehmet-Der-Staat-hat-mein-Leben-verpfuscht**.html

In anderen Interviews zählt er gerne auf, wer alles schuld war an seinen Missetaten - um es kurz zu machen: alle, außer ihm – und versteigt sich dann auch noch zu dem Vorwurf, der bayrische CSU-Minister Beckstein, der ihn nach seinem sechzigsten Raubüberfall schon bis zum vierzehnten Lebensjahr endlich in seine Heimat Türkei abschieben ließ, habe „sein Leben zerstört":

https://www.welt.de/regionales/muenchen/article120599905/**Sie-haben-mein-Leben-zerstoert-Herr-Beckstein**.html.

Und Herr Beckstein, der solchermaßen Verunglimpfte, muß sich bis heute immer wieder gegen Kritik an seiner damaligen Entscheidung verteidigen, denn es gibt Leute, die tatsächlich dafür plädieren, dem unverbesserlichen Serientäter die Strafe zu erlassen, damit er unbehelligt wieder hier einreisen kann.

Da durfte doch vielleicht auch ich auf Gnade hoffen, die ich nur einen Strich in der Landschaft überfahren hatte, despicable me?

Nö.

Mein Gnadengesuch wurde abgelehnt.

Doch das reichte den Niederbayern noch nicht. Fast scheint es, als hätten sie geahnt, daß ich meine spätere Verhaftung, die ich ihnen verdanke, in diesem Buch bezeichnen würde als „dämlichste Staatsaktion seit dem Überfall auf Polen". Womöglich spürten sie tief drinnen in den Niederungen ihres bayrischen Gemüts, daß ich auch diesen Bock, den sie nach Ablehnung meines Gnadengesuchs noch geschossen haben, in einer kleinen Glosse verewigen und hier präsentieren würde. Aber wer weiß schon, was einem Niederbayern so durch den Betonschädel geht, an dem traditionell alles zerschellt, was der Herr an Hirn vom Himmel fallen läßt.

Tatsache ist: kurz nach Eingang meines Gnadengesuchsablehnungsbescheides erhielt ich einen Anruf von der hiesigen Polizei. Der Beamte forderte mich im Auftrag der niederbayrischen Staatsanwaltschaft auf, mich zu einem Verdacht zu äußern, der diese klotzköpfigen Vollstrecker bajuwarischer „Mia San Mia"-Bierdunstlogik bei der Lektüre meines Gnadengesuches befallen haben mußte, wie die Tobsucht einen von tollwütigen Fledermäusen gebissenen Hund:

Sie verdächtigten mich plötzlich, immer noch ohne Führerschein mit dem Auto unterwegs zu sein. Deshalb biete ich hier (neben einem, fürs Verständnis hilfreichen Hinweis auf meine Urahnen, irgendwo Ecke Danzig, denen ich meinen wirklichen Nachnamen verdanke) eine mögliche Version an, wie diese Aktion zustande gekommen sein könnte, die ich in Anlehnung an meine spätere Verhaftung bezeichnen möchte als die die „zweitdämlichste Staatsaktion seit dem Überfall auf Polen", denn sie war zwar noch dämlicher, als die erste, hatte aber keine Folgen, bis auf folgende kleine Glosse mit dem Titel:

Jagdszenen aus Niederbayern

Ruft mich doch schon wieder die Polizei an, angefixt von der niederbayrischen Staatsanwaltschaft.

Diese Ureinwohner der am dümmsten besiedelten Gegend Deutschlands haben wohl mal wieder zu tief ins Bierglas geschaut und sich dann mein Gnadengesuch noch einmal vorgenommen.

Und irgendwie hörte einer von ihnen wieder diese Stimmen im Kopf. Diesmal raunten sie ihm zu: „Du! Diese preußische Schnepfe ist doch garantiert weiter ohne Führerschein unterwegs! Sie schreibt doch selber, ohne Auto könne sie ihrer Arbeit nicht nachgehen! Aber sie arbeitet ja noch!

AAALSO benutzt sie auch ihr Auto - tz, tz ... wieviel kriminelle Energie doch in diesem Luder steckt!

Die soll mal bloß nicht glauben, wen sie hier vor sich hat! Los, hetzen wir ihr die Bullen auf den Hals! Die sollen sie mal aushorchen, ob sie die Hausbesuche bei ihren Patienten im Notfall nicht doch heimlich mit dem Auto macht! Und wenn sie dann sagt: „Äh, oh, Hilfe, ja - wie haben sie das bloß herausgefunden?!?" - gleich einsperr'n, die Kanaille!

Scheiß Ausländer ..."

„Wo kummt dann die her?"

„Europa? Preiß`n? Was weiß i ... Scheiß-EU ..."

"Kummt da net a der Schulz her, die rote Socke?"

"Naa, der kummt aus Brüsselen."

„Aus Preußelen ... hahahah ... hicks ... Scheiß- Sozis ..."

So in etwa stelle ich mir das Zustandekommen dieser Aktion vor. Auch der Ton, in dem der Polizist mir den Grund für seinen Anruf erklärte, verriet, daß er lieber die wachsende Zahl draußen frei herumlaufender Intensivtäter jagen würde, als auf Befehl aus Bayern unbescholtenen Bürgern saudumme Fragen zu stellen.

Nach einer langen Pause, in der nur mein verblüfftes Schweigen zu hören war, nannte mir der Polizeibeamte als mögliche Alternative noch, mich NICHT zu dem Vorwurf zu äußern.

Also hauchte ich noch ein resigniertes „Helfen Sie mit, Bayern zu integrieren" in die Muschel und legte still den Hörer auf.

Kleiner Tipp an die niederbayrische Staatsanwaltschaft:

Denkt doch mal nach, auch wenn's beim ersten Mal noch weh tut: Selbstverständlich bin ich sowohl vor als auch nach der Kontrolle durch Eure Häscher führerscheinfrei durch die Republik gekesselt, habe meine Notdienste ganz ohne Fahrerlaubnis durchgeführt und würde es jederzeit wieder tun, wenn es zur Sicherstellung meines Überlebens und der Patientenversorgung notwendig ist.

Und nun?

Antrag auf Wiedereinführung der Todesstrafe?

In Bayern garantiert aussichtsreich!

Googeln Sie doch mal „Memmingen" und „Hexenjagd". Und welche erbärmliche, beschämende Rolle Memmingen im Fall der Kalinka Bamberski gespielt hat
de.wikipedia.org/wiki/T%C3%B6tung_von_Kalinka_Bamberski

Ich bin dafür, am Grenzübergang zu bayrischem Staatsgebiet ein Warnschild aufzustellen:

ACHTUNG!

SIE VERLASSEN JETZT DEN FREIHEITLICH-DEMOKRATISCHEN SEKTOR!

Kapitel 8

Während ich schlief
Oder
How To Get Away With Murder

Ich hatte ja von fünf Kontrollen gesprochen, eine fehlt also noch und die wäre weiß Gott ein eigenes Buch wert. Ich versuch´s trotzdem. Der folgende Vorfall ereignete sich zeitlich nach der Kontrolle, die ich im vorigen Kapitel geschildert habe.

Mir war also schon klar, daß ich in ernsthaften Schwierigkeiten steckte und daß ich aus dieser Nummer nicht mehr heil herauskommen würde.

Ach, ich Dummerle ...

Ich mußte ja unbedingt weiter arbeiten, Einkommen erzielen, Steuern und Sozialbeiträge erwirtschaften, Tag und Nacht von Patient zu Patient eilen, hier eine Spritze gegen Schmerzen, dort eine Infusion gegen Übelkeit, hier die Po-Ritze eines frisch verstorbenen Hundert-jährigen inspiziert, ob nicht ein tödliches Zäpfchen drinsteckt als Beweis für das Vorliegen einer „nicht natürlichen Todesursache" - Tätigkeiten, für die ein Hausarzt oft weniger erhält als ein Taxifahrer in der gleichen Zeit, wenn der ihn nur hinfährt und in seiner Droschke sitzend, rauchend und zeitunglesend auf seine Rückkehr wartet.

So kam es, daß ich erneut auf bayrischem Jagdgebiet landete.

Zu dieser Zeit konnte ich mir schon kein Hotelzimmer mehr leisten, deshalb verbrachte ich nach fünf arbeitsreichen Nächten jetzt auch die sechste, freie Nacht auf dem Parkplatz einer 24-Stunden-Tankstelle am Rande von Würzburg.

Von dort aus hatte ich in den vorangegangenen Nächten schon meine Patientenbesuche durchgeführt, im Auto geschlafen, eingekauft, in der angeschlossenen Pizzeria gespeist, getankt und mich unter die Feierlustigen gemischt, die sich an solchen Orten vor allem an Wochenenden zahlreich einfinden. Die Quadratur des Kreises, wenn man nur Gesellschaft braucht, aber keine Nähe.

Deshalb sind Autobahnraststätten und Tankstellen, an denen man seine Grundbedürfnisse rund um die Uhr befriedigen kann und immer Menschen um sich hat, mein liebster Aufenthaltsort. Bis heute bewahre ich die Gutscheine der Raststätte Holledau in meiner Geldbörse auf wie einen Talisman.

Nirgendwo sonst kann man so nah an der vorbeirasenden Autobahn sitzen, dem Stakkato der weißen Streifen lauschen und dabei seinen Salat essen.

Also dachte ich auch bei meinem Aufenthalt auf besagter Tankstelle, mein Auto würde überhaupt nicht auffallen als eines unter Tausenden, die dort tagein, tagaus anbranden und wieder davonbrausen.

Irrtum. Einem der Tankstellen-Mitarbeiter war ich aufgefallen. Rein körperlich wäre er wohl in der Lage gewesen, die 50 Meter Luftlinie bis zu meinem Auto zu Fuß zu bewältigen, um mich direkt zu fragen, was meines Bleibens und Treibens hier sei. Doch eine freie Entscheidung in eigener Verantwortung, das hatte er nicht gelernt. In Bayern ist überläßt man auch derartigen Pillepalle der Polizei und die kam auf seinen Anruf hin so zügig angebraust, daß es die reinste Freude gewesen wäre, wenn es sich bei mir um Anis Amri gehandelt hätte.

In den vorangegangenen Stunden hatte ich mit meiner Schwester in England telefoniert und mich bei ihr ausgeheult. Dabei hatte ich eine Flasche Wein geleert.

Unnötig, zu erwähnen, daß in dieser fatalen Situation der Alkohol, das „Medikament mit den fröhlichsten Nebenwirkungen", irgendwann auch meine „Therapie" geworden war.

Gut zu wissen, daß man mit so einer Vorgeschichte ja sogar Beinah - Kanzler werden kann!

Nach diesem Telefonat jedenfalls hatte ich mich wie üblich auf dem Fahrersitz zusammengerollt und war eingeschlafen. Doch schon wieder weckte mich der bayrische Soundtrack „Polizeimarke auf Windschutzscheibe", wieder wurde ich von einer Horde Polizisten wein- und schlaftrunken aus dem Auto gezerrt und aufgefordert, mich auszuweisen.

So langsam begann ich, diese Aufforderung auch alternativ zu interpretieren.

Mich ausweisen - hmm ... nur aus Bayern? Oder gleich aus dem ganzen Land?

Und wenn ja, wohin?

Vielleicht mit der TUI last minute in ein sicheres Herkunftsland wie Algerien oder Tunesien? Umso sicherer, als deren kriminellste Landsleute ja derzeit plündernd und mordend durch die EU marodieren? Kein Wunder, daß diese Staaten sich weigern, ihre Desperados wieder zurückzunehmen!

Die gute Nachricht: das erste Fahrverbot war abgelaufen, das zweite noch nicht in Kraft und mein Führerschein schon wieder auf dem Weg zurück zu mir, besser gesagt zu meinem Bruder in München, dessen Adresse ich für diesen Fall angegeben hatte. Die Schlechte: um sicherzugehen, daß ihm die Sendung von den Postangestellten auch ausgehändigt würde, hatte ich ihm tags zuvor meinen Personalausweis zugeschickt.

Später erfuhr ich, daß nur ich selbst mich damit hätte ausweisen müssen, er nicht.

Ihm übergaben sie meinen Führerschein einfach so.

Die Logik dahinter?

Logik brauchen sie in Bayern nicht, solange sie Bier haben.

„In kleinen Mengen Nahrung, in großen Mengen Medizin", wie man dort zu sagen pflegt.

Aber klüger macht es ganz offensichtlich nicht.

Die bayrischen Polizeibeamten fanden also auf privatem Tankstellengelände eine schlafende Unbekannte vor in einem PKW mit „ausländischem" Kennzeichen – aus Bayernperspektive alles jenseits des Weißwurstäquators - die sich verdächtig unverdächtig benahm, aber weder Führerschein noch Personalausweis vorzeigen konnte. Auch verfügte ich leider nicht über die vierzehn Identitäten, die einem Amri just zu dieser Zeit bundesweit freies Geleit, zigfachen Bezug von Sozialleistungen und absoluten Schutz vor Verfolgung garantierten. Denn wie wir ja mittlerweile wissen war niemand vor Verfolgung so sicher, wie er!

Höchstens noch die NSU.

Hätte ich zu diesem Zeitpunkt schon den Fall von Franco A. gekannt, diesem Bilderbuch-Syrer aus deutschen Landen ohne ein einziges Wort arabisch, dann hätte auch ich in bestem Hochdeutsch erklärt, ich sei ein Flüchtling, meine Papiere seien auf der Flucht verlorengegangen und ich wäre so traumatisiert, daß ich keine Ahnung habe, wie ich in dieses Auto gekommen bin. Schon hätte ich Unterkunft, regelmäßiges Taschengeld und Narrenfreiheit gehabt, das hätten sie mir geglaubt.

Aber das Offensichtliche? Arztausweis, EC-Karte, Fahrzeugpapiere Berufskleidung, Patientenunterlagen, Arztkoffer und eine nachvollziehbare Erklärung für meinen Aufenthalt auf diesem Gelände?

Nix da. Konnte ja alles gelogen sein. Oder gestohlen!

Außerdem - fremde Ärzte, die in der Gegend herumfahren und Patienten behandeln?

Wo gibt´s denn sowas!

Wenn er krank würde, so die Aussage eines der Polizisten, käme immer noch sein persönlicher Hausarzt vorbei.

Ach, du Dummerle …

Im Gegenteil machten mich die Arztkoffer in den Augen meiner Häscher erst recht verdächtig, enthielten sie doch einiges, was man auch als krimineller Junkie gut gebrauchen konnte!

Diese hyperaktiven Staatsdiener, fehlgeleitet wie das Immunsystem eines Allergikers im anaphylaktischen Schock, konfiszierten Handys, Laptop und Arztkoffer, verhafteten mich, sperrten mich ein und führen mich seither unter dem Begriff „Wanderärztin". Woran sie dabei wohl gedacht haben?

Im schriftlichen Protokoll zu diesem Überfall schrieben sie dann, man habe mich „in orientierungslosem Zustand vorgefunden".

Nee, nee, liebe Polizeibeamte, schön bei der Wahrheit bleiben!

Ihr habt mich SCHLAFEND vorgefunden.

Ich war so traumatisiert, daß ich mich noch nicht einmal mehr an die Fahrt zum Polizeipräsidium erinnere! Anterograde Amnesie. Als ich wieder zu mir kam, laut weinend, befand ich mich in einer Ausnüchterungszelle.

BH und Nylons waren mir, wie ich später rekonstruierte, von weiblichen Polizeikräften ausgezogen worden, um zu verhindern, daß ich mich damit stranguliere. Eine Maßnahme, die ich bis dahin für übertrieben gehalten hätte. Danach nicht mehr.

Normalerweise läuft so etwas ja folgendermaßen ab: erst Randalieren, dann Ausnüchterungszelle.

Doch in Bayern ist es umgekehrt, denn eine Straftat, das wurde mir von den Polizeibeamten immer wieder versichert, lag nicht vor. Man habe mich ausschließlich zu meinem eigenen Schutz inhaftiert. Hmm - wollten sie vielleicht verhindern, daß ich mir den Rücken blutig schlafe??

Ich rüttelte an den Gitterstäben und drückte immer wieder auf den Klingelknopf an der Wand.

Nach einer Weile schaute ein Polizeibeamter durch die halboffene Tür herein.

Ich forderte meine sofortige Freilassung.

Seine Antwort: „Mit Ihnen kann man ja überhaupt nicht vernünftig reden!" und schon war er wieder weg.

Sorry, aber etwas Vernünftigeres als meine Freiheit zu fordern, deren man mich unrechtmäßigerweise beraubt hatte, wollte mir einfach nicht einfallen.

Was hätte ich sonst sagen sollen? „Verweile doch, Du bist so schön"?

Ich hörte nicht auf, an den Gitterstäben zu rütteln und zu rufen,

ich würde meine Rechte kennen oder jedenfalls wissen, wo ich sie googeln kann! Irgendwann erwachten sie dann aus ihrem Rausch, ließen mitten in der Nacht noch einen Richter antanzen, der meine sofortige Freilassung forderte, dann fuhren sie mich ins nächste Hotel. Am folgenden Tag konnte ich meine Utensilien wieder abholen und es hat danach höchstens noch ein paar Jahre gedauert, bis ich beim Anblick eines Streifenwagens nicht mehr in leise Panik geriet und den dringenden Impuls verspürte, mich unauffällig im nächsten dunklen Hauseingang zu verdrücken.

Immerhin meinte einer der beteiligten Polizisten, mit dem ich in den folgenden Tagen noch einmal telefonierte, die Aktion sei vielleicht ein wenig „überrissen" gewesen.

Och, ja, vielleicht.

Man sollte schon etwas zurückhaltender sein mit Maßnahmen, die einen unschuldigen Menschen in den Selbstmord treiben könnten!!

Dessen ungeachtet glaubte sein Vorgesetzter aber offenbar, daß von mir auch ohne Nylons und BH noch eine Gefahr für die bayrische Bevölkerung ausgeht und diese bewertete er höher, als mein Recht auf Privatsphäre, Datenschutz und Beachtung der Verhältnismäßigkeit: Noch am gleichen Tag informierte er Ärztekammer und KV darüber, daß eines ihrer Mitglieder sich in ihrer Freizeit einen angepichelt hat. Die fackelte nicht lange und nahm mir auch noch die letzten Dienste weg, mit denen ich mich in den nächsten Monaten noch gerade so hätte über Wasser halten können.

Oh je, wenn man das mit allen täten, die sich nach Feierabend einen auf die Lampe gießen angesichts des Elends, mit dem sie tagtäglich konfrontiert werden.

Und sie saufen alle!

Der Polizist, der uns das Blasrohr unter die Nase hält, die Anwältin, die uns raushauen soll, wenn uns dabei trotz angehaltenem Atem ein paar Promille herausgerutscht sind, die Richterin die unseren Einspruch gegen das verhängte Fahrverbot abschmettert, Notärztinnen und Rettungssanitäter, nachdem sie schon wieder ein Unfallopfer in Einzelteilen von der Straße kratzen mußten, die Knallchargen von der MPU, die Professoren, auf die sie sich berufen (und die, gemessen an dem Schwachsinn, den sie zum Thema Alkohol verbreiten, sowieso ständig besoffen sein müssen) - und Frau Käßmann.

Und wenn sie nicht saufen, dann kiffen sie sich ins Nirwana.

Woher ich das weiß?

Nun, als Taxifahrerin gehörten sie zu meiner Kundschaft, als Ärztin kenne ich ihre Leberwerte und in beiden Jobs verraten sie einem mehr, als in so ein Buch hineinpaßt.

Aber ich hab Schweigepflicht ...

Kapitel 9

Deutsche Familie auf der Flucht
oder
Aus der Geschichte wieder nichts gelernt

Es gibt einen Witz aus der Zeit des Dritten Reichs.

Joachim Król erzählt ihn in dem Film „Das Lied vom traurigen Sonntag" mit Erika Marozsàn und Ben Becker:

Ein einäugiger KZ-Kommandant verspricht einem gefangenen Juden, ihn nicht abzuknallen wenn dieser errät, welches seiner beiden Augen aus Glas ist.

Der Jude rät richtig und darf weiterleben.

Doch der KZ-Kommandant will noch wissen, woran er das Glasauge erkannt habe.

Darauf der Jude:

„Es schaut so freundlich ..."

Eine kurzfristige Praxisvertretung in einer winzigen Ortschaft irgendwo zwischen Nirgendwo und Ansbach brachte mir noch ein letztes Honorar ein, auf dessen Eingang ich nach Ende des Einsatzes auf irgendeinem Parkplatz wartete, dann wollte ich volltanken und auf dem schnellsten Weg raus aus Bayern um nie wieder dorthin zurückzukehren. Keine zehn Pferde.

Ich köpfte das übliche Fläschchen Wein und wartete auf den Schlaf und das selige Vergessen. Mein Traum schien ausgeträumt:

Von meinem Auto abgesehen besaß ich zu diesem Zeitpunkt nicht viel mehr als ein Flüchtling. Dafür aber weniger Rechte und weniger Schutz vor Verfolgung. Als Inländerin ohne Migrationshintergrund hätte ich noch nicht einmal Anspruch gehabt auf einen Schlafplatz im Flüchtlingslager und glauben Sie nicht, ich hätte nach ein paar Wochen Leben und Arbeiten auf dem Fahrersitz eines Kleinwagens im Winter nicht überlegt, wie ich da hineinkommen könnte! Womit hätte ich denn in dieser Lage eine Wohnung anmieten können bei den Nachweisen, die Vermieter heutzutage verlangen? Genauso gut hätte ich versuchen können, ohne Papiere in die USA einzureisen. Von Mexiko aus!!

Ganz nebenbei: Selbst in dieser katastrophalen Situation dachte ich nicht im Traum daran, mich auf eine der zahlreichen freien Stellen in einer Klinik zu bewerben, obwohl mir das schnell wieder ein Dach über dem Kopf und regelmäßiges Einkommen verschafft hätte.

Da würde ich lieber wieder Taxi fahren.

Wem das nicht zu denken gibt!

Auf Hilfe durch das Sozialamt brauchte ich auch nicht zu hoffen.

Einheimisch, wie ich bin, hätten sie mich aus ihren Amtsstuben gleich wieder ausgewiesen.

Wie ich darauf komme?

Nun, weil ich genau so etwas schon einmal erlebt habe. Fast dreißig Jahre zuvor, etwas mehr als eine Generation zurück, damals als Alleinerziehende mit drei kleinen Kindern. Erstaunlich, wie Geschichte sich wiederholt, wenn eine Gesellschaft nicht mehr lernfähig ist.

Es war in der zweiten Mitte der 80er Jahre als schon einmal Flüchtlinge, damals vor den Balkan-Kriegen, dazu Aussiedler und Asylsuchende aus aller Welt in unser Land strömten, um „das Boot voll" zu machen.

Auch ich war damals mit meinen Kindern auf der Flucht, und zwar vor dem Terror, den Giftanschlägen und Gewalttätigkeiten des bereits in der Einleitung erwähnten Vermieters, eines Kinderschänders, der uns um jeden Preis loswerden wollte, nachdem wir herausgefunden hatten, daß er auch Kinder aus der Nachbarschaft mißbraucht hatte.

Der Vermieter war Maurer und hatte das Haus eigenhändig gebaut.

Was ich nicht ahnte: er besaß die Schlüssel zu unserer Wohnung.

Viel zu spät dämmerte mir, daß er dort jahrelang während unserer Abwesenheit ein- und ausgegangen war, in meinen Briefen und Tagebüchern geschmökert, Unterwäsche, Kleidung und Schuhe gestohlen hat, die wir dann später zerschnitten oder zerrissen im Keller wiederfanden.

Das ganze Ausmaß seiner Brutalität ahnte ich erst, als sich unsere Haare nach dem Waschen plötzlich anfühlten wie trockenes Stroh, als der zweijährige Junge, den ich damals als Tagesmutter betreute, nach einem Schluck Mineralwasser den Becher von sich warf und zu würgen begann und meine sämtlichen Zimmerpflanzen, die ich über Jahre großgezogen und gepflegt hatte, über Nacht abstarben.

Ich brachte die Behälter zum Gesundheitsamt wo festgestellt wurde, daß Mineralwasser und Shampoo mit einer ätzenden Substanz, vermutlich Abflußreiniger, versetzt worden waren. Den hatte der Vermieter wohl auch in die Blumenerde gekippt und wer weiß, was noch für Gifte in unserer Wohnung ausgebracht oder in unsere Nahrungsmittel gemischt.

Spätestens als meine Telefonrechnung sich plötzlich verdoppelte, ohne daß ich mehr telefoniert hatte, war klar, daß der Vermieter auch die Leitungen angezapft und uns irgendwie belauscht haben mußte. Anders lassen sich gewisse seltsame „Zufälle" in dieser Zeit schlicht nicht erklären.

Einmal fand ich beim Putzen eine bereits mumifizierte Maus unter einer Kiste direkt am Kopfende meiner Matratze.

Spätestens jetzt hätte ich aufwachen müssen. Von allein konnte die dort ja nicht hingekommen sein!

Aber mit sowas rechnet man einfach nicht und klüger ist man immer erst hinterher.

Die Giftanschläge und den Mißbrauch konnte ich dem Vermieter vor Gericht nicht nachweisen. Nur die Beleidigungen und Sachbeschädigungen, für die er dann ja auch zu einer Geldstrafe verurteilt wurde.

Er war damals schon älter und ich weiß nicht, ob er noch lebt.

Wenn, dann schon allein aus Angst vor dem Sterben. Als Anhänger der Theorie von Karma und Wiedergeburt weiß er genau, was in der Anderwelt auf ihn wartet.

Und die haben Zeit ...

Wir aber hatten Todesangst, wir mußten raus dort, so schnell wie möglich. Da war es fatal, daß die Mieten Ende der 80er Jahre plötzlich rasant angestiegen waren, sich innerhalb kurzer Zeit fast verdoppelt hatten! Und als Alleinerziehende mit Kindern eine Wohnung finden?

In Deutschland?

Hilfe vom Sozialamt?

Nur für Migranten, damals wie heute.

Zusammen mit einem homosexuellen Studenten, der im gleichen Haus wohnte und ebenfalls vom Vermieter bedroht worden war, weil er mir bei der Aufdeckung von dessen pädophilen Straftaten geholfen hatte, begab ich mich auf die Suche.

Schließlich fanden wir eine Wohnung, allerdings so weit außerhalb, daß ich mein Tagespflegekind abgeben und vorübergehend Sozialhilfe beantragen mußte, doch die wurde uns in der erforderlichen Höhe verweigert.

Begründung: die Miete sei zu hoch.

Umgerechnet warme 750 Euro für 90 qm².

Heute wäre das ein Schnäppchen.

Doch für eine Mutter und drei Kinder zuviel, so das Sozialamt damals. Uns fehlte halt der Migrationshintergrund, denn bei der Übernahme von Mietkosten für Asylbewerber gab es nach oben keine Grenze.

Dazu beispielhaft der Auszug aus einem Artikel aus dem Jahr 1988:

http://www.spiegel.de/spiegel/print/d-13531215.html

„ ... Bis 1990 muß für über 600 000 Aussiedler Wohnraum geschaffen werden. .... Die Betonsilos in den Trabantenstädten sind wieder voll belegt. Die Kommunen werden wohl noch mehr Turnhallen requirieren und Blechcontainer aufstellen müssen. Oder sie zahlen Wuchermieten an Pensionen: 110 Mark pro Tag für fünf Menschen in einem Raum, das ist der Durchschnitt in München. Für ein 20-Quadratmeter-Zimmer in der Münchner Pension Toni, belegt mit drei Mann, zahlt das Sozialamt 2100 Mark im Monat. ... "

Und hat sich heute, mehr als 30 Jahre später etwas geändert?

Nö.

Guckst Du:

*https://www.focus.de/regional/koeln/**kommunen-pruefung-fluechtlinge-fuer-hohe-summen-in-hotel-von-cdu-frau**_id_8747010.html*

oder

*https://www.express.de/koeln/**6800-euro-fuer-35-qm-jetzt-spricht-der-vermieter-der-koelner-fluechtlinge**--29977318*

Als ich den Sozialangestellten damals fragte, ob wir erst Asyl beantragen müßten, um Anspruch auf Grundsicherung und ein Dach über dem Kopf zu haben, entgegnete er, ich solle mal „nicht polemisch" werden.

Heute würde er wahrscheinlich „populistisch" sagen.

Aber wie gesagt: vorher besser eine Faustbreite Abstand suchen.

Ich mußte Widerspruch einlegen gegen den Bescheid und einen Kredit aufnehmen, um den Zeitraum zu überbrücken, bis ein Gericht unseren Anspruch auf Leben, Nahrung und Unterkunft bestätigt haben würde. Da verbuchte das Sozialamt die geliehene Summe kurzerhand als „Einkommen" und zog sie auch noch von den Leistungen ab, die sie uns ohnehin verweigerte.

Humor haben sie ja, die Leute mit den freundlichen Glasaugen!

Und einen Mietspiegel aus der Vorkriegszeit.

Daß wir einen Rechtsanspruch hatten, daran bestand kein Zweifel. Doch was nützt einem das, wenn die Spielregel lautet „Jemandem so lange Mund und Nase zuhalten, bis sein Anspruch auf Atemluft geklärt ist"? Schnappatmung bis heute, wenn ich nur daran denke.

Dem schwulen Studenten überließ ich eines der Zimmer mietfrei, dafür erklärte er sich bereit, auf meine Kinder aufzupassen und überließ mir sein Auto, so daß ich wieder zurück in meinen Job als Taxifahrerin gehen konnte und entsprechend weniger auf staatliche Unterstützung angewiesen wäre.

Da landeten die Damen und Herren vom staatlich organisierten Verbrechen gegen die Menschlichkeit ihren nächsten Coup:

Sie behaupteten plötzlich, der schwule Student sei mein Lebensgefährte, erklärten ihn mir gegenüber für unterhaltspflichtig und kürzten die zu wenig gezahlten Leistungen auch noch um die Summe, mit der er mich hätte unterstützen müssen, wenn er wirklich mein Lebensgefährte gewesen wäre.

War er aber nicht.

Deshalb zog er sofort wieder aus, also konnte ich meinen Job gleich wieder aufgeben und war jetzt vollkommen abhängig von Sozialhilfe.

Dumm, Dümmer, Deutschland.

Doch es kam noch dümmer: Eines Tages erhielt ich Besuch von einem ihrer Spitzel, einem „Diplom-Sozialarbeiter". Natürlich unangekündigt.

Diese Schmierwurst schnüffelte sich durch meine gesamte Privatsphäre, inspizierte sämtliche Toilettenartikel, zählte Zahnbürsten und durchwühlte meine Schränke auf der Suche nach Beweisen dafür, daß der junge Mann immer noch bei mir wohnte, obwohl ich dem Sozialamt zum Beweis für seinen Auszug längst dessen neuen Mietvertrag vorgelegt hatte.

Besonders intensiv inspizierte der Diplomierte mein Schlafzimmer und da fand er ihn endlich, den ultimativen Beweis: ein zweites Kopfkissen in meinem Bett!

Was konnte das anderes bedeuten, als daß der schwule Student immer noch mit mir zusammenlebte?

Zwecklos, ihn vom wahren Grund für das Vorhandensein dieses Kopfkissens überzeugen zu wollen, daß nämlich mein ältester, zu der Zeit etwa acht Jahre alter Sohn, dem unsere existentielle Bedrohung ja nicht entgangen war, jede Nacht von Alpträumen gequält erwachte und dann schutzsuchend bei Muttern unter die Decke schlüpfte.

Das glaubte er mir nicht. Dafür war er zu diplomiert.

Oder vielleicht fand er die Vorstellung, wie ich mich mit einem jungen Mann nackig auf dem Bett mit den zwei Kopfkissen herumwälze, einfach geiler.

Dieser schleimige Lurch dürfte auf der #metoo-Liste so mancher verarmten Mutter ganz oben stehen!

Also kürzten diese Spaßvögel unsere Leistungen weiterhin um den fiktiven Unterhaltsanteil des schwulen Studenten, wieder mußte ich klagen, Kredite aufnehmen und immer wieder bei karitativen Organisationen um etwas Geld betteln.

Und wenn sie nicht gestorben sind, dann quälen diese Sozialsatiriker noch heute alle armen Leute weil sie glauben, mit der Ausrottung der Armen verschwände auch die Armut.

Dazu passend noch eine kleine Anekdote: Eines Tages erschien ein Pärchen vom Sozialpsychiatrischen Dienst bei mir. Unsere Hausärztin hatte sie alarmiert, weil sie sich Sorgen machte um den Gesundheitszustand meiner Kinder.

Diese beiden Experten warfen einen strengen Blick auf die halb ausgequetschte Tube Mayo als einzigem Inhalt des Kühlschranks und drohten, mir die Kinder wegzunehmen, falls ich nicht für ausreichend Nahrung sorgen würde.

Ich sag´ doch: ein Glasauge freundlicher als das andere!

Da sich das Sozialamt sich bei der Bearbeitung meiner Widersprüche natürlich alle Zeit der Welt gelassen hatte, dauerte es ein ganzes Jahr, bis meine Klage endlich vor Gericht landete, Anfang 1991, als letztem Fall vor der Mittagspause. Entsprechend müde, hungrig und gelangweilt waren die durchweg männlichen Richter.

Natürlich waren auch sie nicht auf dem Laufenden, was die jüngsten Mietsteigerungen betraf und natürlich befanden auch sie sich noch im „Nieder mit den Armen - Kinder nur für Akademiker"- Modus.

Ich hingegen hatte ein Jahr lang auf diesen Tag gebangt und gehofft, für meine Kinder und mich ging es um alles. Als dann jedoch einer der Beisitzer nach dem Vortrag meiner Anwältin zu nölen begann, die Miete sei ja wohl wirklich zu hoch, wurde mir klar, daß ich das Spiel verloren hatte. Diese Richter würden mir allenfalls ein paar Monate Aufschub gewähren, innerhalb derer ich mir eine günstigere Wohnung suchen müßte.

Eine bezahlbare Wohnung?

In Deutschland?

Als Einheimische mit Kindern, aber ohne Migrationshintergrund?

Da brannte bei mir die Sicherung durch. Ich sprang auf und stürmte aus dem Saal, meine Anwältin mit wehendem Talar hinterher. Vergeblich versuchte sie, mich zu beruhigen, doch so verzweifelt, wie ich geschrien habe, muß ich wohl ziemlich im Unrecht gewesen sein.

Von da an waren wir obdachlos und hatten aufgehört, als Familie zu existieren.

Am nächsten Tag brachte ich meine beiden ältesten Kinder zu ihrem Vater und dessen neuer Ehefrau, flüchtete aus dem Territorium dieses Sozialamtes und bezog mit meinem jüngsten Sohn besagten kleinen Wohnwagen, den mir der schwule Student aus Mitleid zum Abschied noch geschenkt hatte und unter dessen löcherigem PVC ich nicht nur das Gras hätte wachsen hören, sondern sogar hätte sehen können, wenn es nicht bitterkalter Winter gewesen wäre. So schimmerte an manchen Stellen nur die gefrorene Erde durch.

Damals zog ich meinem Sohn keinen Pyjama an, wenn ich ihn ins Bett brachte, sondern einen Schneeanzug und steckte das Ende des Heizungsschlauches unter die Decke. Dann legte ich mich daneben und betete „Lieber Gott, laß die Gasflasche über Nacht nicht leer werden. Amen."

Der Wohnwagen stand auf einem Campingplatz in der Universitäts-stadt, wo ich – Glück im Unglück! – sofort das eigentlich für später geplante Medizinstudium aufnehmen konnte. Bevor ich mich jedoch immatrikulieren konnte benötigte ich vorübergehend noch einmal Unterstützung vom örtlichen Sozialamt, doch natürlich wollte man sie uns auch dort wieder verweigern.

Schlimmer noch: Der Sachbearbeiter, dessen Namen ich bis heute nicht vergessen habe, drohte mir gar mit Abschiebung zurück in das Elend, dem ich gerade entronnen war, da es ja wohl „keine Notwendigkeit gegeben habe, von dort wegzuziehen".

Da drohte allerdings auch ich, und zwar mit Hungerstreik.

Jetzt, hier und sofort!

Es gab Zeiten, da hatte ich auch tagsüber Albträume.

Und wieder mußte ich mir Geld leihen, wieder rechneten sie mir den Kredit als Einkommen an und wieder mußte ich auch dagegen klagen - doch diesmal gewann ich den Prozeß!

Da war ein Mensch unter den Richtern!

Einer, der die Gesetze nicht nur kennt, sondern sie sogar anwendet!

Bis heute erinnere ich mich an das empörte Gemaule, mit dem der Vertreter des Sozialamtes meinen Sieg damals kommentierte.

Und diesmal schaute sogar sein Glasauge böse ...

Fazit: Der Staat läßt es sich Millionen kosten, um armen Menschen ein paar tausend Euro vom Munde abzusparen, sie zu demütigen, kleinzuhalten und ihnen die Zukunft zu verbauen, statt die Sozialämter einfach aufzulösen und die freiwerdenden Gelder an die Armen zu verteilen. Stichwort: Bedingungsloses Grundeinkommen.

Bei unseren Asylbewerbern funktioniert es doch auch!

Ganz unkompliziert und unbürokratisch!

Oder glaubt etwa jemand, man würde einen Asylbewerber zwingen, sich in einem zweiunddreißigseitigen Hartz-4-Antrag „nackig zu machen"? Migranten sind ja nicht automatisch mittellos!

Warum quälen sie mit diesem bürokratischen Overkill mal wieder nur die einheimische Bevölkerung?

Was ist mit Artikel 3 GG, wonach „ (...) niemand wegen seiner Abstammung, seiner Rasse, seiner Sprache, seiner Heimat und Herkunft, (...) bevorzugt werden darf"?

Ich habe ein einziges Mal einen Hartz-4-Antrag ausgefüllt. Danach hab ich geheult!

Noch mehr Geld könnte man an die Armen hierzulande verteilen, wenn man die zweitnutzloseste Institution auflösen würde, die Agentur für Arbeit. Wem, bitte, wollen die denn Arbeit verschaffen? Mehr als die Hälfte der Hartz-4-Bezieher haben einen Migrationshintergrund und viele der potentiell Arbeitsfähigen unter ihnen sind schon alleine aufgrund fehlender Sprachkenntnisse auf dem Arbeitsmarkt kaum vermittelbar. Sie sind gewissermaßen „Facharbeitslose" und werden es bleiben, solange sie sich weigern, die Sprache des Landes zu erlernen, in dem sie leben, obwohl sie weder geistig gestört, stumm, taub oder in sonstiger Weise behindert sind. Höchstens integrationsbehindert!

Beim größten Teil der Bezieher von Sozialleistungen handelt es sich zudem um Alte, die nicht mehr oder um Kinder, die noch nicht arbeiten müssen - und um deren Mütter - und Mütter haben ja wohl schon genug Arbeit!!

Nicht deren Schuld, wenn die Gesellschaft Tätigkeiten wie Putzen, Waschen, Kochen, Spülen, Füttern, Aufpassen, Krankenpflege, Nachtwache, Einkaufen, An- und Ausziehen, Baden, Wickeln, aufs Klo setzen, den Hintern abputzen etc. nur dann als anstrengende Arbeit betrachtet, die angemessen bezahlt werden muß, wenn sie alten Menschen zugutekommt! Auch die Pampers zahlt die Krankenkasse nur für die Alten. Dafür haben die gesorgt.

„Fördern und Fordern", so der Schröder'sche Schlachtruf damals.

Doch gefördert wird nur der Reichtum der zehn Prozent, die über neunzig Prozent des gesamten Volksvermögens herrschen, gefordert wird nur von den neunzig Prozent der Bevölkerung, die sich die übrigen zehn Prozent teilen müssen.

Deutschland ein reiches Land?

Eher ein Land für Reiche.

Und nicht auszudenken, wie gut es uns erst ginge, wenn die endlich anfangen würden, ehrlich ihre Steuern zu zahlen …

Zurück zum Campingplatz.

Kaum hatten wir uns in unserem Winterquartier eingerichtet zeigte sich, daß unsere Obdachlosigkeit noch steigerungsfähig war.

Wie das?

Nun, die Mitarbeiter des Sozialamtes, die so eifrig an unserer Familienauseinanderführung gearbeitet hatten, glaubten plötzlich, sie bekämen noch Geld von mir. Eine Adresse hatte ich ja nicht mehr, also ließen sie die Polizei nach mir fahnden und die suchte und fand mich auf besagtem Campingplatz. Dessen Besitzer fürchtete daraufhin um seinen guten Ruf und kündigte uns auch noch die paar gefrorenen Quadratmeter. Glücklicherweise war ich zu diesem Zeitpunkt schon immatrikuliert, so konnte der ASTA mir einen Raum zur Verfügung stellen in einem abbruchreifen Bürogebäude am Rande der Stadt, in welchem bereits asylsuchende Studierende aus aller Herren Länder Unterschlupf gefunden hatten. Und wieder mußte ich mir einen Anwalt suchen, wieder stellte ich mich auf einen jahrelangen Rechtsstreit ein - doch ich habe nichts mehr von ihnen gehört. Auch von meinem Anwalt nicht.

Wahrscheinlich hat er die Mitarbeiter dieses Sozialamtes mit einem kurzen Telefonat aus ihrem „Kill-The-Poor"- Rausch geweckt und sie wieder auf den Boden der Sozialgesetzgebung zurückgeholt, denn hätten sie nur den Hauch einer Chance gehabt – diese Bluthunde würden mich bis heute verfolgen.

Noch zwei Jahre später erwachte ich jede Nacht und legte meinem schlafenden Sohn die Hand auf den Brustkorb um mich zu vergewissern, daß er noch atmete, daß er nicht erfroren war. Diese Erlebnisse haben bei meinen Kindern und mir ihre Spuren hinterlassen. Wirklich verarbeitet haben wir dieses Trennungstrauma bis heute nicht.

Unsere Wunden hat die Rechtskraft nicht geheilt.

Kapitel 10

Ende Gelände

Zurück zum Parkplatz irgendwo im Nirgendwo, wo ich eingeklemmt zwischen Fahrersitz und Lenkrad, krumm vor Kummer und Kreuzschmerz auf den erlösenden Schlaf wartete. Doch diesmal, den endgültigen Untergang vor Augen, verfehlte der Rebensaft seine Wirkung. Also griff ich in den Arztkoffer, nahm noch ein opioidhaltiges Schmerzmittel ein und als auch das nicht wirkte noch eine Schlaftablette.

Ich glaube nicht, daß mir jetzt noch viel daran gelegen war, wieder in dieser Welt zu erwachen, in der gleichen ausweglosen Lage, um - frei nach Faust - auszurufen:

„Weh! Steck ich in dem Auto noch!
Verfluchtes dumpfes, blechern´ Loch,
wo selbst das liebe Himmelslicht
trüb durch verschmutzte Scheiben bricht!"

Für ein Bad in der Autowaschanlage hatte das Geld nämlich auch nicht mehr gereicht ...

Ich sann noch eine Weile darüber nach, in welcher Stadt unseres schönen Ex-Landes ich mich als Taxifahrerin niederlassen könnte, überlegte noch, wie weit es sein mochte von meinem Standort bis in die Freiheit jenseits der bayrischen Grenze, sah mich in Gedanken wieder in einem dicken Benz mit dem leuchtend gelben „Vogel" auf dem Dach durch die Nacht jagen bis zum Morgengrauen, immer der Stimme des Funkers nach ... und das ist das Letzte, woran ich mich noch erinnere.

Der Wein allein konnte es nicht gewesen sein. Die zwei Promille, die später gemessen wurden, erreicht ein Mensch meiner Gewichtsklasse schon nach einer Flasche und meine Leber war an „Überstunden" mittlerweile ja schon gewöhnt. Die reine Medikamentendosis war auch zu gering.

Die Menge an Stresshormonen jedoch, die mich zu dieser Zeit unablässig durchfluteten, dürften toxische Konzentrationen erreicht haben.

Es war wohl die Kombination aus Adrenalin, Alkohol und Arznei, die mein Bewusstsein ausgeknockt und meinem Unterbewusstsein an die Macht verholfen haben muß. Befehl: Überleben.

Immerhin hatte ich, diesem Befehl gehorchend mehr als die Hälfte meines Arbeitslebens mit Herumfahren verbracht und den größten Teil des gesamten Familieneinkommens damit erwirtschaftet.

Der Schlüssel steckte, der Motor lief - da bin ich wohl ohne mich losgefahren.

Daß ich nicht bei Verstand gewesen sein kann, beweist doch schon die Tatsache, daß ich nicht raus, sondern wieder zurück, noch tiefer in bayrisches Jagdrevier gefahren bin!!

Fünfzehn Kilometer später zog mich dann die Polizei aus dem Verkehr. Nicht wegen auffälliger Fahrweise. Sie sagten nur, „jemand habe sie informiert".

Wer immer das war – ich schulde ihm was.

Es folgte eine weitere hohe Geldstrafe, die ich gerne bezahlt habe aus Dankbarkeit darüber, daß bei meiner Trunkenheitsfahrt niemand zu Schaden gekommen ist, dazu weitere sieben Monate Fahrverbot und die MPU. Doch das beeindruckte mich nicht mehr.

Meine Dienste konnte ich ohnehin nicht mehr durchführen, dafür hatten Frau E., die niederbayrische Staatsanwaltschaft, die Indiskreti-on der Würzburger Polizei und die hinterhältigen Manöver der KV gesorgt. Da brauchte ich auch keinen Führerschein mehr.

Ich flüchtete mich zu einer Freundin nach Aschaffenburg, die ich im Notdienst als Patientin kennengelernt hatte, verkroch mich in ihre Sofaecke und zog mir eine Wolldecke über den Kopf.

An die Zeit danach möchte ich mich nicht mehr erinnern.

Und dann geschah ein Wunder.

Hunderttausende von Kriegsflüchtlingen, die im Jahr 2015 in unser Land strömten, brauchten einen Arzt.

Nach Jahren des Schreckens ohne Ende, wenige Wochen nach einem Ende mit Schrecken, wurde ich vom Regierungspräsidium für ihre medizinische Versorgung engagiert.

So gelangte ich doch noch ins Flüchtlingslager und wir beide, Flüchtlinge und ich, waren gerettet.

Spätestens da wünschte ich mir, der liebe Gott wäre wirklich ein alter Mann hinter den Wolken, einfach weil ich ihm dann hätte um den Hals fallen können, so hoch bin ich geflogen vor Glück.

Nach wenigen Monaten hatte ich wieder einen festen Wohnsitz, die meisten Schulden und Geldstrafen getilgt und nebenbei ein paar Euro investiert, damit Flüchtlinge, deren Handys auf der Flucht ins Meer gefallen, oder deren Brillen ihnen daheim mit der Faust aus dem Gesicht geschlagen worden waren, wieder „nach Hause telefonieren" und ihre Deutsch-Grammatikbücher lesen konnten.

Die Deutschen sind nicht ausländerfeindlich.

Ganz selten, daß die hier lebenden Japaner, Italiener, Chinesen, Russen, Afrikaner, Griechen, Engländer, Inder und wer sonst noch in den vergangenen Jahrzehnten aus aller Welt in unser Land gekommen ist, um das Boot zu versenken, sich darüber beklagen, sie würden hier nicht integriert.

Die integrieren sich einfach selber!

Wohl! Nenne das Kranke krank!
So nur bis du nicht krank.

TAO

Kapitel 11

Die Wahrheit ist verboten, denn sie läuft nackt herum
(Tucholsky)
oder
Das wird man doch wohl noch sagen dürfen! (Volksmund)

Mitte 2016 waren die meisten echten Flüchtlinge verteilt. Von den fast dreitausend Menschen Ende 2015 war nur mehr ein Destillat übrig von zuletzt etwa fünfzig ganz speziellen Camp-Bewohnern. So speziell, daß jeder einzelne der über hundert Wachleute, die vorher ausgereicht hatten, um die Dreitausend zu koordinieren, jetzt nötig war, um diese Fünfzig halbwegs in den Griff zu kriegen.

Natürlich handelte es sich dabei nicht mehr um Flüchtlinge - so werden sie nur noch von verblitzdingsten Realitätsmigranten genannt - sondern um illegale Eindringlinge, die sich mit dem Flüchtlingsstrom ins Land hatten schwemmen lassen, fast ausschließlich junge Männer aus Algerien und Tunesien die nichts mehr zu verlieren hatten, die meisten drogensüchtig und entsprechend von außerordentlicher krimineller Energie, gestählt im täglichen Überlebenskampf, mit allen Wassern gewaschen und gekommen, um zu bleiben.

Genau die Klientel, die im Jahr 2015 am Kölner Hauptbahnhof auf ihre ganz unverwechselbare Weise Sylvester gefeiert, das Neue Jahr gewissermaßen angetanzt hat.

Die wenigen Frauen darunter, die sich illegal ins Land hatten schleppen lassen, gingen überwiegend der Prostitution nach und verbrachten ihre Freizeit damit, die Wachsamkeitspotenz der Sicherheitsleute zu schwächen. Meistens waren sie zugedröhnt mit Alkohol und Drogen aller Art, die sie gegen das Diebesgut eingetauscht hatten, das sie bei ihren regelmäßigen Raubzügen vom Camp aus erbeuteten.

Es häuften sich Messerstechereien, Vergewaltigungen, Diebstähle und Brandstiftungen innerhalb und außerhalb der Flüchtlingscamps, während Politik und Medien uns noch glauben machen wollten, die Kriminalität unter Flüchtlingen sei nicht höher als anderswo.

Na, klar.

Und die wachsende Präsenz der bis an die Zähne bewaffneten Polizisten auf öffentlichen Plätzen diente dann wohl nur dem Schutz der nagelneuen Betonpoller, Straßensperren und Beobachtungskameras vor feigen Angriffen durch die einheimische Bevölkerung - alles Müller, oder was!?

Nach der letzten Gräueltat Ende Oktober 2018 in Freiburg, der Vergewaltigung einer 18jährigen durch einen Deutschen und mindestens zehn Syrer - letztere Bewohner des örtlichen Flüchtlingscamps und fast alle zuvor schon mehrfach polizeilich in Erscheinung getreten, von unseren Strafverfolgungsbehörden jedoch wie üblich unbehelligt und dank des Gutmenschentums gehirngewaschener Grüner vor Abschiebung sicher - da dachte ich bei mir, sieh an! Jetzt morden und vergewaltigen unsere Asylanten schon fast so gut, wie die Deutschen. Nur nicht so oft.

Dafür sind sie noch nicht integriert genug! Menschen derart unterschiedlicher Kulturen auf einen gemeinsamen Nenner bringen zu wollen gleicht dem Versuch einer Katze das Bellen beizubringen um sie besser in einen Hundezwinger zu integrieren.

Deshalb waren mir die Junkies immer noch sympathischer als unsere Regierenden in ihrer scheckheftgepflegten Ignoranz und Volksferne, weshalb sie ja auch die Einzigen sind, die sich immer noch nicht genug darüber verwundern können, daß die Amis im November 2016 nicht Cruella de Vil, sondern – mit freundlicher Unterstützung durch russische Trolle - diesmal Mr. Scrooge zu ihrem Häuptling gemacht haben, einen spätpubertierenden Pöbel-Akrobaten auf dem geistigen Niveau eines selbstverliebten Schoßkindes, das noch über den Gestank seiner eigenen Fürze lacht und über dessen Persönlichkeitsstörung sich psychiatrische Experten mittlerweile in aller Öffentlichkeit differentialdiagnostischen Überlegungen hingeben.

Ich hab ja lange gehofft, er würde sich irgendwann die Maske runterreißen und uns lachend erklären, es sei ihm nur darum gegangen, der Welt beweisen, daß man sich für Geld alles kaufen kann, wirklich alles!

Außer einer guten Frisur. Das Volk hingegen wundert sich schon lange nicht mehr. Doch es freut sich klammheimlich schon auf die nächste „Überra-schung", wenn nämlich die AfD demnächst bei uns an die Macht „getrumpelt" kommt, und zwar aus dem gleichen Grund wie dieser amerikanischen Klimakiller, nach dem Motto: „Wenn wir schon verarscht werden, dann das Porto eingeschlossen!"

Ob unsere Regierenden es wahrhaben wollen, oder nicht:

Die Obergrenze existiert bereits. Und wo die liegt entscheidet das Volk, ob mit Wahlen oder mit Krawallen.

An dem Tag, wo sie erreicht ist und unsere Regierenden immer noch auf dem Planeten „Verleugnung" herumdelirieren, weltferner Sozial-romantik frönen und von „Integration bis nächste Woche" phantasieren, obwohl die bei einem großen Teil Integrationsbehinderter und Inländerfeinde noch nicht einmal in der dritten Generation gelungen ist, dann wird das Volk nach einer Alternative für Deutschland rufen und sie auch bekommen.

Die wiederum wird ihr Wahlversprechen einlösen: nachdrängende Flüchtlinge noch vor der Grenze niederschießen, den Rest absaufen lassen. Und da sie außer diesem kein anderes Wahlversprechen haben, können sie nach der Wahl auch keines brechen, so daß sie am Ende als glaubwürdigste Partei seit Beginn der Wetter- aufzeichnungen in die Geschichte eingehen werden.

So wird eine Demokratie, die keine mehr ist, mit ihren eigenen Mitteln geschlagen.

Die Kriminalitätsrate unter echten Flüchtlingen war damals übrigens wirklich nicht höher. Wer sie in die Höhe geschraubt hat, das waren die illegalen Einwanderer die ihre Bereitschaft, geltendes Recht zu mißachten, ja schon mit dem unerlaubten Grenzübertritt bewiesen hatten.

Es mehrten sich Zeitungsnotizen über alte Damen, denen beim sonntäglichen Kirchgang die Goldkettchen vom Hals gerissen worden waren und mit schöner Regelmäßigkeit passten deren Täterbeschreibungen auf neunundneunzig Prozent unserer männlichen Camp-Bewohner. Am Ende der Berichte dann jedes Mal die obligatorische Bitte, sich mit Hinweisen vertrauensvoll an die Polizei zu wenden. Als bräuchten sie dort Nachhilfe!

Doch die hatte ihre Schweine natürlich längst am Gang erkannt.

Aber wehe, sie ließen den Verdacht laut werden, bei den Tätern könne es sich möglicherweise um Ausländer handeln – oh, oh … da stand aber ein Volk von Gutmenschen auf und ließ einen solchen Sturm an Rassismusvorwürfen gegen sie losbrechen, daß sie bald nicht mehr wußten, ob sie den Rechtsstaat, den zu beschützen sie einst ausgezogen waren, nicht vielleicht nur geträumt hatten.

Ausländische Straftäter standen und stehen auf eine Weise außerhalb des Gesetzes, die den Bürgern schlicht nicht mehr zu vermitteln ist.

Nicht zuletzt weil unsere Behörden und Gerichte so hoffnungslos überlastet sind, daß Monate, Jahre vergehen bis ein Asylverfahren abgeschlossen und ein Urteil gefällt werden kann, gegen das natürlich umgehend Einspruch eingelegt wird – im Fall Samir A. angeblich schon zum vierzehnten Mal! Wer bezahlt eigentlich deren Anwälte und warum sind die so viel erfolgreicher als meine??

Die unüberschaubare Fülle an Widersprüchen gegen Abschiebe- bescheide und der Personalmangel hat unsere Justiz doch längst lahmgelegt! Deshalb laufen selbst die gefährlichsten Straftäter hier frei herum, werden weder zur Rechenschaft gezogen, noch eingesperrt, geschweige denn abgeschoben.

Was hatten Kanzlerin und Minister bei ihrer Amtseinführung nochmal geschworen?

„Ich schwöre, daß ich meine Kraft dem Wohle des deutschen Volkes widmen, seinen Nutzen mehren, Schaden von ihm wenden, das Grundgesetz und die Gesetze des Bundes wahren und verteidigen, meine Pflichten gewissenhaft erfüllen und Gerechtigkeit gegen jedermann üben werde. So wahr mir Gott helfe.“

Den lieben Gott sollten sie bei ihrem nächsten Amtsmeineid besser aus dem Spiel lassen. Er hat es ja bekanntlich nicht so gern, wenn man seinen Namen mißbraucht.

Angesichts des zunehmenden staatlichen Kontrollverlustes wundert es niemanden mehr, wenn ein Polizist wie der in Fulda im April 2018, der sich immer öfter mit den brutalsten Seiten unserer Willkommenskultur, der wachsenden Zahl offener Angriffe auf Leib und Leben konfrontiert sieht, dessen Menschenwürde von Anhängern einer ganz neuen Pöbelkultur tagtäglich mit Füßen getreten wird, während Politik und Medien konzentriert wegschauen, plötzlich anfängt zu schießen und nicht mehr aufhören kann. Weil der Angreifer halt auch nach der elften Kugel nicht aufgehört hat, auf andere einzuprügeln!

Zwölf Kugeln für ein Halleluja ...

Ich war nur froh, daß aus Künast danach nicht wieder ein so unsäglicher Tweet herausgeschossen kam, wie der im Jahr 2016 nach dem finalen Rettungsschuß auf den Würzburger Axt-Akrobaten, reflexartig wie die Zunge eines Grottenmolchs beim Anblick einer Fliege, mit „FRAGEN!!", nach dem Motto: „Hätte ein Schuß in den Ofen nicht gereicht?"

https://www.focus.de/politik/deutschland/axt-attacke-in-wuerzburg-kuenast-kritisiert-polizei-mit-tweet-und-erntet-shitstorm_id_5742309.html

Und wir dachten immer, sie sieht nur so aus.

Nachdem ich diesen Tweet damals gelesen hatte, erfand ich spontan eine neue Einheit für „Staatsgefährdende Dummheit, die mit normalen Maßstäben nicht mehr zu messen ist": das KÜNAST. Denn noch dümmer, so dachte ich, geht nimmer!

Doch. Es geht immer noch dümmer.

Beweis: der ebenso reflexartig in die Welt gebeckmesserte Vorwurf der Grünen Simone Peter, die sich nicht entblödet hatte, die Kölner Polizei wegen deren Kurzwort „NAFRI" zu Rassisten zu erklären und ihnen Menschenrechtsverletzung vorzuwerfen – einen Tag, nachdem diese den Einwohnern der Stadt ein sicheres Sylvester 2016/17 garantiert hatte, während ihre eigenen Frauen und Kinder um sie ins Neue Jahr bangen durften, wofür man sie mit Jubel, Marschkapelle und Gehaltserhöhung hätte belohnen müssen!

Da taufte ich das „KÜNAST" um in „PETER-METER" - jetzt eine nach unten offene Skala - und hoffe seither, daß solche Berufsapalliker, die nur noch

Reflexe aber keine Reflexionen mehr haben, bald von ihren eigenen Smartphones ersetzt werden. Die haben auch keinen Verstand, sind aber wenigstens intelligent.

Doch die Kölner Polizei hat es ihnen mit dem GRÜFRI, dem „Grün-Fundamentalistischen-Realitätsfernen-Intensivschwätzer" gleich wieder heimgezahlt und damit gezeigt, daß sie nicht daran denken, sich dem Gesinnungsterror dieser HONKs zu beugen.

Nebenbei: Hat Peter eigentlich auch etwas gegen Kurzformen wie Azubi, Bufdi, Zivi, Grufti oder Schupo getan?

Oder vielleicht doch zu viel Afri-Cola im Kopf und ein bißchen Bluna?

Auch nach der Attacke in Fulda nörgelten die immer gleichen Besserwisser wieder herum, weshalb unsere Polizei im Umgang mit durchgeknallten Psychos nicht besser geschult sei.

Was die Polizisten sich dabei denken, ist vermutlich nicht ganz legal, für die Bäckereifachverkäuferinnen hingegen dürfte klar sein:

Gratis-Donuts auf Lebenszeit für ihre Retter!

Kleiner Ausflug in die Rechtskunde: was der Polizist in Fulda getan, hat, war legal. Man nennt es Notwehr.

Ja, ja, der gute, alte Paragraph 32 StGB.

Hatten wir hier auch schon, nicht wahr?

Aber pssst! Verratet den bloß nicht an die Grünen! Wenn die davon erfahren, werden sie ihn bestimmt gleich verbieten, jedenfalls für die Einheimischen, so, wie sie ja auch verbieten wollen, verlorene Seelen wie diesen jungen Afghanen wieder zurück in seine Heimat zu verfrachten, bevor er hier abgeknallt wird wie ein tollwütiger Hund.

Nein, wir sind nicht wieder Wehr.

Der niedersächsische Kripo-Chef Ulf Küch hatte irgendwann die Nase voll von Fake-News zu diesem Thema, deshalb schrieb er ein Buch: „SOKO ASYL".

Noch steht es nicht auf der Grünen Denkverbotsliste, also: schnell lesen!

Zu Beginn der Flüchtlingskatastrophe befand sich die Bevölkerung ja so heillos im Willkommensrausch - man hätte auf sie schießen können, sie hätten keinen Schmerz gespürt!

Unheimlich, wie rasant sich da schon wieder eine „Welle" erhob, die jeden in die rechte Ecke spülen wollte, der seine Ängste und Zweifel schon äußerte, als es noch nicht opportun war, der genau die Probleme vorausgeahnt hat, mit denen wir uns jetzt herumschlagen, die unsere Demokratie gerade den Kopf kosten und die wir mit unserem hysterischen „Refugees Welcome!!" gerufen haben als müßte man echte Flüchtlinge erst noch herbeitelefonieren!

Anfangs war ich außer mir vor Empörung, wenn ich spürte, daß diese Welle nette Leute wie mich unversehens in die geistige Nähe zu Nazis schwemmte. Da erwog ich noch Beleidigungsklagen gegen jeden, der mich aufgrund meiner offenen Worte im rechten Spektrum verorten wollte und schlug das Wort „Rechtspopulismus" als zukünftiges „Unwort des Jahres" vor.

Doch irgendwann dachte ich, was soll's: Massenpsychosen sind selbstlimitierend, dauern selten länger als tausend Jahre und wenn ich schon verwechselt werde, dann wirklich lieber mit einem von der AfD. Das sind wenigstens keine Gutmenschen.

Lesen Sie doch mal folgenden Artikel über die Ergebnisse eines Preisausschreibens, welches der amerikanische Soziologe Theodore Fred Abel im Jahr 1934 initiiert hat, bei dem die beste Antwort prämiert werden sollte auf die Frage

*https://daserste.ndr.de/panorama/archiv/2018/Preisausschreiben -unter-Nazis-**Warum-sind-Sie-in-der-NSDAP**,nsbiograms100.html*

Genannt wurden „Angst vor sozialem Abstieg", „Wut auf die alten Parteien", „ weil man in der Presse nicht die Wahrheit erfahre", „angeschlagener Nationalstolz", der Wunsch, daß „in unserem Vaterland wieder Ruhe und Ordnung einkehrt" und natürlich der Klassiker: „Die Angst vor den Fremden im Land, wo deutsche Frauen und Mädchen von schwarzen Bestien ungestraft geschändet werden können".

Kommt uns irgendetwas daran bekannt vor?

Seit drei Generationen, beschäftigt uns die Frage, wie es zur schlimmsten menschengemachten Katastrophe aller Zeiten kommen konnte. Kein Tag vergeht, ohne daß auf Sendern wie PHOENIX oder ZDF-History nicht mit peinigender Ausführlichkeit von den damaligen Nazi-Gräueln berichtet wird, weil angeblich nur die Erinnerung an die Geschichte ihre Wiederholung verhindern könne.

Die Gebühren dafür ziehe ich der GEZ in Zukunft vom Beitrag ab.

Können wir uns von jetzt an sparen.

Hat ja ganz offensichtlich nix genützt.

Schon wieder sind die Regierenden blind für die Zeichen der Zeit.

Vielleicht ist so weit oben, in den abgehobenen Gefilden der Macht die Luft einfach zu dünn zum Denken?

Oder ist man hinterher womöglich doch nicht klüger?

„Erfahrungen", sagt Tucholsky, „vererben sich nicht. Jeder muß sie allein machen".

Nicht auszudenken, er hätte recht. Nicht auszudenken.

Und wer würde sich dann beim nächsten Mal die Schuld geben an dem derzeit schon wieder drohenden Remake einer der furchtbarsten Tragödien, die auf diesem Planeten jemals aufgeführt wurde?

Vielleicht die Nachkommen ihrer Urheber, die sich ohnehin seit Generationen die Schuld daran geben (lassen) müssen, obwohl sie bei der Erstaufführung noch nicht einmal geboren waren?

Auf daß auch deren Nachkommen und alle, die nach ihnen kommen, sich bis in alle Ewigkeit in einer Art „Negativem Nationalismus", so der Historiker Heinrich August Winkler - will heißen: mit dem gleichen Fanatismus, jetzt aber umgekehrtem Vorzeichen - in Schuldgefühlen baden, das nächste Denkmal, den nächsten „fußballfeldgroßen Alptraum ins Zentrum unserer Hauptstadt einbetonieren" können, um die jetzt schon wieder drohende Schande zu monumentalisieren? *(frei zitiert aus der Rede von Martin Walser anläßlich der Verleihung des Friedenspreises des deutschen Buchhandels 1998)*

Dann hätten wir wieder ein Fußballfeld weniger, aber immer noch kein Mahnmal für alle, von den Kolonialherrschaften weltweit jemals ermordeten und ausgerotteten Völker, immer noch kein Denkmal für

die zahllosen Opfer von Sklaverei, Klu Klux Klan und Rassendiskriminierung, immer noch kein Mausoleum für alle in Gefängnissen und Hexenkellern weltweit bestialisch zu Tode Gefolterten oder auf dem Scheiterhaufen Verbrannten, immer noch keine Gedenkstätte für die Abermillionen in Krieg und Frieden vergewaltigten, zwangsprostituierten Frauen und ihre geraubten Kinder, immer noch kein Stelenfeld für alles, was der Mensch dem Menschen, den Tieren, der Erde jemals angetan hat, in diesem Augenblick antut und in Zukunft noch antun wird. ALLE Menschen! Vielleicht, weil alle Fußballfelder dieser Welt zusammen nicht groß genug wären, um diese ewige Schande zu monumentalisieren?

Zum Beispiel die, daß - noch während die 2711 Stelen sorgfältig in Form gegossen, beschriftet und eine nach der anderen feierlich in der Erde versenkt wurden - irgendwo auf der Welt das blutige Gemetzel fröhlich weiterging? Auch mit Waffen aus Deutschland? Gibt es eine Steigerung des Zynismus ins Bodenlose?

Darf man für Geld wirklich alles tun?

Die zunehmende Mißachtung und Aushebelung der in unsere Verfassung einbetonierten Grundgesetze, die offene Rechtsbeugung durch Behörden, Körperschaften, Grüne und Regierende in diesem Rechtsstaat anscheinend nur noch für Illegale und Terror-Leibwächter zieht sich wie ein roter Faden durch die hier geschilderten Ereignisse.

Da frage ich mich doch langsam: Brauchen wir überhaupt noch eine eigene Rechtsprechung?

Täglich kommen doch neue Menschen in unser Land, die ihre eigenen Gesetze gleich mitbringen und unsere nur noch brauchen, um sich das Recht einzuklagen, sie hier in Freiheit auszuleben;

http://www.faz.net/aktuell/feuilleton/medien/anatolische-selbstjustiz-in-deutschland-er-ist-das-gesetz-12236948.html

Was soll ich sagen – diese Form der Selbstjustiz hat Vorteile! Wenn es da Zoff gibt, wendet man sich einfach an den Friedensrichter im Friseurladen um die Ecke, der regelt das ganz ohne Polizei und teure Anwälte.

Und wenn der ein Machtwort spricht, dann gehorchen selbst die Angehörigen arabischer Großclans, die das Begehen von Straftaten zu einer eigenen Kunstform erhoben haben und aus ihrer Verachtung für unsere Werte keinen Hehl machen.

So kämen endlich auch arme Leute zu ihrem Recht! Geld brauchte man in diesem System nur, um sich freizukaufen wenn man eben doch mal Mist gebaut hat. Und was das angeht, ist der Unterschied zu unserem System sooo groß nun auch wieder nicht.

Wie gut private Rechtsprechung funktioniert, das sehen wir doch auch an unserer „Ihr Kinderlein, der Priester kommet!"- Kirche!

Die belastet unsere Justiz ja auch nicht unnötig mit der Aufarbeitung ihrer Freveltaten an wehrlosen Kindern, die laut § 174 StGB mit bis zu fünf Jahren Gefängnis bestraft werden könnten.

Zigtausende von Mißbrauchsopfern dieser durch und durch verderbten Kirche. Und die Täter sind bekannt!

Sitzt von denen auch nur ein einziger im Knast?

Ist es das, was wir mit „Trennung von Staat und Kirche" meinen?

Hat man jemals davon gehört, daß ein islamischer Prediger sich in der Moschee an kleinen Jungs vergriffen hätte?

Eine Privatisierung der Gerichtsbarkeit würde auch unsere Polizei entlasten! Die würde dann nicht mehr so oft verprügelt und könnte sich endlich um die wirklichen Bedrohungen des Landes kümmern.

Zum Beispiel um gefährlich schlafende Ärztinnen nachts auf dunklen Rastplätzen. Oder um diese hochkriminellen Subjekte, die nachts in die Container hinterm Supermarkt klettern, um die eß- und kostbaren Nahrungsmittel darin, die wenige Stunden zuvor noch zum Verkauf in den Regalen gestanden hatten, vor dem Wegwerfen zu bewahren.

https://www.welt.de/vermischtes/article124973018/Drei-Monate-Gefaengnis-fuer-den-Diebstahl-von-Muell.html

„ … Da Rechtes nicht, noch Ketzerei vorhanden,
verkehrt das Rechte sich in Widrigkeit
und muß das Gute
sich in Dämonie verkehren …"
TAO

Kapitel 12

Fachleute raus, Gefährder welcome!
oder
Der Gutmensch und seine furchtbaren Folgen

https://www.welt.de/kultur/article138678946/**Wer-Gutmensch-sagt-verdient-sich-seinen-shitstorm**.html

Zitat: *„Heute ist Gutmensch ein Spottwort. Und zwar eines, das kein zurechnungsfähiger Mensch mehr benutzt. … Gutmensch sagen eigentlich nur noch Nazis und Idioten ohne sprachliches Feingefühl. …"*
(Welt online-Feuilletonredakteur Matthias Heine am 23.03.2015)

Das Camp war nun also von einem Zufluchtsort für Menschen in Not zum Hauptquartier für Banden von Dealern, Dieben, Vergewaltigern und Prostituierten geworden, die ungestört ihrem kriminellen Handwerk nachgehen konnten, versehen und gestärkt mit einem einklagbaren Anspruch auf Taschengeld, Kost und Logis, unter den Augen der Vertreter des Regierungspräsidiums und der Polizeikräfte vor Ort und von diesen faktisch unbehelligt.

Mike S., ehemaliger Zeitsoldat und vorübergehend Objektleiter der Sicherheitsfirma, schwört Stein und Bein, auch Amri hätte in unserem Camp einen kurzen Auftritt gehabt.

Fragt sich höchstens, wo der nicht überall gewesen ist!

Freie Fahrt für freie Bürger!

Besagter Ex-Soldat war zuverlässig, unbestechlich, kompetent und endlich in der Lage, im Camp wieder für ein Mindestmaß an Sicherheit und Ordnung zu sorgen.

Ihn haben sie als erstes gefeuert.

Erst ihn, dann eine Gruppe von Wachleuten, die auf meiner Liste der fähigsten und vertrauenswürdigsten Mitarbeiter ganz oben standen, dann mich, und ganz sicher handelte es sich dabei nicht um Zufall. Uns waren nämlich nicht nur die krummen Touren der Camp-Bewohner nicht entgangen, sondern auch die von einigen Mitarbeitern der Sicherheitsfirma.

Mehr dazu findet sich in meinen drei Lageberichten, die ich schon 2016 dem Regierungspräsidium vorgelegt hatte und in denen ich, neben den Hinweisen auf die illegalen Aktivitäten gewisser Mitarbeiter auch meine Besorgnis zum Ausdruck brachte über den zunehmenden Kontrollverlust unserer Polizei, über die Rechtsverstöße bei Justiz und Behörden wenn es um den Schutz der eigenen Bevölkerung geht, kurz: über die bedingungslose Kapitulation des Vierten Deutschen Reiches vor der Realität.

Doch der Kampf im Camp gegen die Missetaten unserer maghrebinischen Schlitzohren war noch aus einem anderen Grund umso aussichtsloser als diese einen mächtigen Verbündeten hatten, der über das Camp herrschte wie die Dummheit über den Verstand, wie die Gewalt über den Frieden, wie der laute Furz über die Gesellschaft am kalten Buffet: die Mitarbeiter und Mitarbeiterinnen unserer Hilfsorganisationen die so gut vom Elend leben, daß sie davon gar nicht genug bekommen können. Missionarische Eiferer zwischen Heiligsprechung und Helfersyndrom, die nicht begreifen, daß das Gegenteil von Gut nicht Böse ist, sondern Gutgemeint und daß Mensch von menschlich kommt, nicht von Gutmensch - übertroffen nur noch von dessen Steigerung ins Unmenschliche, den Bessermenschen, dem Gutgemeint noch nicht gut genug ist.

Die hatten einen Traum, die hatten eine Vision, die glaubten umso glühender an das Gute im Bösen, je schlimmer es sich gebärdete.

Trunken vor Edelmut, geradezu blind vor Gut, waren sie nicht mehr zu bremsen in ihrer Bereitschaft, unser letztes Hemd zu geben, um diesen verlorenen Gestalten, die man noch nicht einmal mehr in ihr eigenes Leben hätte integrieren können, hier ewiges Bleiberecht zu verschaffen, koste es den Steuerzahler, was es wolle!

Sie waren leichte Beute für diese gerissenen Überlebenskünstler und ließen sich von ihnen willenlos instrumentalisieren.

Wohl wissend, daß unsere Gesetze im Falle einer Erkrankung vor Abschiebung schützen waren diese Mitarbeiter im Auftrag ihrer Schützlinge eifrig bemüht, ihnen bei mir ärztliche Überweisungen und Bescheinigungen zu verschaffen, in denen ich ihnen geeignete Krankheiten attestieren sollte, auf daß sie für immer hier in Sicherheit leben und unser Land unsicher machen können.

Hier bot sich die „Posttraumatische Belastungsstörung" an, denn die ist leicht zu behaupten aber schwer zu überprüfen, war indes bei echten Flüchtlingen eine der häufigsten Diagnose.

Doch gerade die fragten nicht nach psychologischer Hilfe. Die fingen meist auch nicht von selber an zu erzählen. Es waren die, bei denen man irgendwann aufhörte, zu fragen, weil man nicht noch mehr Geschichten ertragen konnte von den bestialischen Grausamkeiten die vielen von ihnen widerfahren waren, von den wochenlangen Fußmärschen auf blutenden Füßen, von den eiskalten Nächten unter freiem Himmel, den Diebstählen und Vergewaltigungen, von der Todesangst während der Überfahrt auf den Schrottkähnen, diesen Seelenverkäufern, die damals schnell nochmal zusammengenietet wurden, um Flüchtende, die für die rettende Überfahrt ihr letztes Hemd gegeben hatten, gerade so weit zu tragen, daß wenigstens ihre Leichen noch die Ufer des Gelobten Landes erreichten.

Anders die Illegalen.

Die erreichten unser Land trockenen Fußes und hatten sogar noch die Horrorstories, die sie uns servierten, von den Flüchtlingen geklaut, die sie im Gegensatz zu ihnen wirklich erlebt hatten.

Der Klassiker: Vater ermordet, Mutter vergewaltigt, Schwestern verschleppt. Und immer waren es „die Taliban".

Anschließend forderten sie dann eine Überweisung zum Psychiater wie andere in der Kneipe ein Bier bestellen.

Ich wiederum hatte bald gelernt, zu unterscheiden, welche Augen vom Weinen gerötet waren und welche von Drogen. Diejenigen, die solche Schrecken wirklich erlebt hatten erzählten sie nämlich nicht mit schelmischem Grinsen wie auswendiggelernt.

Die gingen manchmal einfach zu Boden oder warfen sich auf ihren Pritschen hin und her, schlugen sich mit den Fäusten auf die Brust, rauften sich die Haare oder brüllten - buchstäblich bis der Notarzt kam. Deren Anblick und deren Schicksale ließ mich den Illegalen gegenüber etwas intolerant werden, gebe ich gerne zu.

Trotzdem überzeugte ich mich bei jedem Einzelnen mittels ausführlicher Anamnese und ein paar fieser Fangfragen vom Wahrheitsgehalt ihrer Geschichten, davon ob ein Trauma oder sonst ein behandlungsbedürftiger Befund vorlag und wenn nicht - der Nächste bitte.

Spätestens dann zeigten sie ihr wahres Gesicht: Sie begannen zu randalieren, stießen Beleidigungen und Morddrohungen aus, weigerten sich, das Sprechzimmer zu verlassen und mußten dann regelmäßig von den Wachleuten „hinausbegleitet" werden.

Einen von ihnen hat mein Kollege, ein syrischer Arzt, allerdings einmal höchstpersönlich mit dem Stethoskop rausgeprügelt: Der junge Mann hatte von ihm ein Rezept für ein bekanntes Potenzmittel gefordert. Da der Arzt ihm das natürlich verweigerte fing er mit den üblichen Beschimpfungen an, wobei er unvorsichtigerweise dessen Mutter in seine Unflätigkeiten miteinbezog in Form der bekannten Drohung, ihr das anzutun, was junge Männer aus diesem Kulturkreis im Beleidigungs-Modus den Müttern ihrer Gegner für gewöhnlich anzutun drohen - was womöglich auch ihren erhöhten Bedarf an Potenzmitteln erklärt.

Patienten verhauen ist nun allerdings ein Delikt, welches den syrischen Kollegen leicht die Approbation hätte kosten können wenn es zur Anzeige gekommen wäre. Dann hätten wir wieder einen Arzt weniger und einen Gefährder mehr im Land gehabt wie es ja derzeit Mode ist. Doch zu einer Anzeige kam es dann doch nicht.

Wie das?

Nun, der Arzt und die anwesenden Wachleute, alle überwiegend aus einem Kulturkreis, in dem man vor den ungeschriebenen Gesetzen im Zweifelsfall mehr Respekt hat als vor den Geschriebenen, hatten dem jungen Mann eines dieser Angebote gemacht, die man nicht ablehnen kann, wenn einem der eigene Tokus lieb ist. Schließlich litten auch sie tagtäglich unter seinen Attacken und Beleidigungen.

Offiziell waren sie natürlich zur Deeskalation verdammt.

Kein Problem. Dann legt man seinen Zorn halt erstmal auf Eis und wartet mit nägelfeilender Geduld, bis die Nacht hereingebrochen ist und der liebe Gott schläft ...

Allah schaut sowieso nicht mehr hin. Der ist viel zu sehr damit beschäftigt, die Stelle im Koran zu finden, wo „Kopftuch" steht.

Es war ja nicht so, daß sich auf dem weitläufigen Kasernengelände die ein oder andere Gelegenheit gefunden hätte, sich für manch erlittene Schmach zu „bedanken" und dem Täter die Möglichkeit zu geben, sich standesgemäß dafür zu entschuldigen.

Der junge Mann sah schnell ein, daß es für ihn sicherer war, bei der Wahrheit zu bleiben und die lautete nach kurzer Diskussion und in gegenseitigem Einvernehmen, daß er einfach nur unglücklich gestolpert und dem Arzt dabei versehentlich ins offene Stethoskop gelaufen war. Und schon war er wieder in Sicherheit.

Genau dafür war er ja auch in unser Land gekommen, nicht wahr? ...

Doch nicht lange und diese Schlauberger hatten herausgefunden, daß es nach der Ablehnung ihres Begehrens in meiner Sprechstunde noch einen Plan B gab, und zwar bei besagten Hilfsorganisationen. Also machten sie sich, nachdem sie bei uns eben noch Türen ein-getreten, uns mit Tod und Verderben gedroht, Wachleute mit Messern attackiert und herumgekeift hatten wie Fischweiber, auf den Weg zum Sozialbüro.

Dort warteten unsere Gutmenschen schon wie Spinnen im Netz der sozialen Hängematte, in der für den Rest ihres Lebens zu liegen und ihre Eier zu schaukeln unsere illegalen Einwanderer fest entschlossen waren. Oder glaubt etwa jemand, sie wären gekommen, um hier als Altenpfleger zu arbeiten?

Bis sie allerdings im Sozialbüro ankamen, hatten sie Kreide gefressen, hatten sich von den rücksichtslosen Gewalttätern, die sie bei uns noch gewesen waren, verwandelt in bemitleidenswerte Opfer der Fremdenfeindlichkeit in diesem Lande ganz allgemein und der Gemeinheit der Wachleute und der Ärztin im Besonderen.

Einer soll nach der Sprechstunde bei mir sogar laut geweint haben!

Ob Sie´s glauben oder nicht – es handelte sich dabei um den jungen Mann mit den Potenzproblemen ...

Der Terminator hätte sich aus Neid über eine solche Wandlungsfähigkeit gleich nochmal im Metallbecken versenkt!!!

Doch die willfährigen Handlanger im Sozialbüro, vom Geheul dieser Wölfe im Schafspelz erregt und entrüstet gleichermaßen, machten sich alsbald zum Kreuzzug gegen uns auf.

Als erstes pampten sie die Wachleute an für jedwede ihre disziplinarischen Maßnahmen, die diese hatten ergreifen müssen, um der nordafrikanischen Rasselbande ein Mindestmaß an sozialverträglichem Benehmen abzuringen, weshalb sie auf der Schmerzskala von eins bis zehn von den Wachleuten regelmäßig eine Zwanzig erhielten.

Anschließend stürmten diese Hilfstäter meine Praxis, bewaffnet mit nichts als guten Absichten und der, ihnen vom Teufel persönlich verliehenen Fähigkeit, wehrlose Menschen in den Selbstmord zu labern.

Sie besetzten mein Sprechzimmer, wie Autonome in Berlin ein leerstehendes Haus, gleich diesen entschlossen es nicht mehr zu räumen, egal wie oft ich sie dazu aufforderte wenn die Diskussion in meinen Augen beendet war, so daß ich auch sie etliche Male nur mit körperlichem Einsatz oder mit Hilfe der Wachleute wieder losgeworden bin.

Sie klebten auf ihren Stühlen wie pappige Bonbons und versuchten mit dem für ihre Form des Wahns pathognomonischen Starrsinn, ihren quälend monotonen Monologen, den endlosen Wiederholungen der immer gleichen, teils unglaublich schwachsinnigen Argumente, nicht unähnlich der Chinesischen Wasserfolter und fußend auf dem Prinzip „Es gibt nichts Gutes, außer man labert", mich dazu zu bringen, ihren Auftraggebern Fake-Diagnosen zu geben und entsprechende Überweisungen auszustellen.

Daß es sich dabei um Nötigung handelte, gar um die Aufforderung zu einer Straftat, das war ihnen überhaupt nicht bewußt. Jedwedes Rechtsbewußtsein war ihnen abhandengekommen.

Sie ignorierten geltendes Recht und ersetzten es durch das, was sie persönlich als richtig empfanden.

Was war das anderes, als Selbstjustiz?

„Der Gutmensch glaubt, dass er, im Kampf für das, was er für ‚das Gute' hält, von jeder zwischenmenschlichen Rücksicht und zivilisatorischen Regel entpflichtet ist. "

Diese Worte stammen aus der Feder eines anderen "WELT online" Kolumnisten, Harald Martenstein und waren Auslöser für den Kommentar des Redakteurs Matthias Heine und den Shitstorm, von dem im Link zu Beginn dieses Kapitels die Rede ist.

Wer einen Satz beginnt mit den Worten:

„Ich hab ja nichts gegen Ausländer, aber ...", der dient, zusammen mit dem „besorgten Bürger" derzeit allenfalls als Witzfigur im politischen Kabarett.

Sicher, einige würden den Satz beenden mit „ ... aber nicht in meiner Nachbarschaft! HA! HA!"

Aber die meisten, die ihren Satz so beginnen, würden ihn beenden mit „ ... aber wir brauchen kontrollierte Zuwanderung! Wer hier leben will, muß unsere Sprache lernen! Wer kein Aufenthaltsrecht hat der muß wieder gehen!"

Kriminelle müssen endlich abgeschoben werden, und zwar ohne Wenn und Aber! Regierung und Behörden müssen sich endlich wieder an geltendes Recht halten, statt polizeibekannte Schwerverbrecher hier frei herumlaufen zu lassen!! Wir müssen die Fluchtursachen bekämpfen, nicht die Flüchtlinge!" usw.

Wer Bürgerinnen und Bürger, die etwas derart Selbstverständliches fordern, nicht mehr unterscheiden kann von der Handvoll Nazis, die ihre Sätze beginnen mit „Ausländer raus!" und beenden mit „Alle absaufen lassen!!", wer sie in einen Topf wirft mit dieser kleinen Minderheit opportunistischer Erreger öffentlicher Ärgernisse, die es schon immer gegeben hat und immer geben wird, der beleidigt damit etwa neunzig Prozent der Bevölkerung und darf sich unbesorgt die Mitschuld geben am Erfolg der AfD.

Daß unser Staat Menschen in Not hilft und sie schützt ist richtig.

Nicht richtig ist, daß er dabei die eigene Bevölkerung über die Klinge springen, gewissermaßen auf dem Weihnachtsmarkt über den Haufen fahren oder hinter der Disco massenvergewaltigen läßt, als gälte es, dem alttestamentarischen „Auge um Auge, Zahn um Zahn" noch ein „Volk um Volk" hinzuzufügen!

(Nicht zu weit hergeholt, diese Assoziation, wenn man über ein paar Grundkenntnisse in Schuld-und-Sühne-Psychologie verfügt und immer noch eine würdigere Begründung, als uns aufgrund unserer masochistischen Asylpolitik einfach nur für verrückt zu halten. Wir werden vielleicht von einer Raute regiert, aber die Amis von einem Toupet!)

Natürlich hatten auch die Illegalen schwerwiegende Probleme. Aber in der Ausbildung zum Notarzt lernt man auch, wann man zum Mittel der „Triage" greifen muß, der „Priorisierung von Hilfeleistungen bei unerwartet hohem Aufkommen an Hilfebedürftigen und objektiv unzureichenden Ressourcen".

Es gibt kaum eine passendere Beschreibung für das Dilemma, in dem wir uns befanden und bis heute befinden. Doch im Gegensatz zu den echten Flüchtlingen hatten die Illegalen sich selbst in die Not gebracht, in der sie jetzt umzukommen drohten.

Die illegalen Eindringlinge haben nicht nur Menschen in wirklicher Not den Platz geklaut, ihnen die begrenzten Ressourcen streitig gemacht, sondern haben durch ihr schlechtes Benehmen mit dazu beigetragen, die ursprünglich überwältigende Hilfsbereitschaft in der Bevölkerung zu verkehren in undifferenzierte Abwehr gegenüber allem Fremden, indem sie deren Willkommensumarmungen als erstes nutzten ihnen das Handy aus der Tasche zu klauen!

Bis auf die Unfähigkeit, ihre Finger von Drogen und fremdem Eigentum zu lassen, waren sie schließlich gesund!

Gesund genug, das ganze Land zu traumatisieren!

Und die Frauen vom Bahnhof Köln.

Angesichts der großen Zahl wirklich therapiebedürftiger, wirklich traumatisierter Menschen wäre es geradezu unmenschlich gewesen, diesen illegalen Einwanderern aus sicheren Herkunftsländern einen Selektionsvorteil in der Warteschlange vor der Psychotherapeutenpraxis zu verschaffen. Doch genau dafür kämpften diese verfluchten Gutmenschen tagtäglich und mit ganzem Einsatz.

Doch bei mir bissen sie auf Granit.

Bei meinen Kollegen draußen hatten sie oft mehr Glück. Einer von ihnen, ein psychiatrischer Oberarzt der nahegelegenen Uniklinik, attestierte einem Algerier, der in unserem Camp als besonders gerissen und gefährlich galt, aufgrund von dessen Räuberpistole wie gewünscht eine „Posttraumatische Belastungsstörung" und empfahl in seinem Arztbericht „hochfrequente Psychotherapie", „idealerweise zusammen mit einem Dolmetscher".

Als ich wieder aufhören konnte zu lachen schrieb ich ihm zurück: „Die sind nicht traumatisiert! Die traumatisieren UNS!"

Viele versuchten ihr Glück über die Diagnose einer Suchterkrankung und manch einer ergatterte auf diesem Wege tatsächlich einen der begehrten Therapieplätze, auf die einheimische Bewerber so verdammt lange warten müssen.

Eines Tages betrat einer dieser Glückspilze, wiederum ein junger Mann aus Algerien, meine Praxis und brachte neben seinem Entlassungsbrief noch einen devoten, älteren Herrn mit, seines Zeichens Mitglied im „Freundeskreis Asyl" und ebenfalls arabischer Herkunft.

Sein Auftrag: Er sollte seinem Schützling bei mir genau die Droge wieder verschaffen von der er gerade auf Steuerzahlerkosten frisch entzogen worden war und ich hätte mich nicht gewundert, wenn er sich nach erfolgreicher Mission auf die Hinterbeine gestellt und der Junkie ihm zur Belohnung ein Leckerli ins Maul geworfen hätte!

Immer wieder las ich dem willfährigen Asylfreund und Hilfsdealer die Passagen im Arztbericht vor, in denen der Entzug dokumentiert und nur mehr ein mildes Psychopharmakon verordnet worden war.

Zwecklos.

Genauso gut hätte ich einem Taliban aus der Bibel vorlesen können und hoffen, er würde endlich aufhören, im Namen Allahs zu morden.

Es kam, wie es kommen mußte: Auch der alte Herr fühlte sich *befreit von jeder zwischenmenschlichen Rücksicht, entpflichtet von jeder zivilisatorischen Regel*, ignorierte das hierzulande geltende Recht und meine ärztliche Autorität, blieb stehen wie angetackert und laberte und laberte und laberte und wenn wir alle Argumente durchdekliniert hatten fing er wieder von vorne an und kein Ende in Sicht, keine Hoffnung auf Erlösung vom Bösen des Guten - da hab ich die Beiden einfach rausgeschoben wie zwei dumme Möbelstücke, schubs, schubs, raus mit euch, raus! Raus!! RAUS!!!

Nun raten Sie mal, wer rausgeflogen ist.

Genau.

Fachliche Fehler konnten sie mir nicht vorwerfen, den wirklichen Grund für meinen Rauswurf natürlich auch nicht offen nennen. Also drehten sie mir einen Strick daraus, daß ich die Junkies als Junkies bezeichnet und ihre intelligenten Überlebensstrategien mit der von Ratten verglichen hatte. Allerdings fügte ich jedes Mal hinzu, daß ich mir ein wenig mehr von dieser Ratten-Intelligenz und diesem Überlebenstrieb auch bei unseren Politikern und Gutmenschen wünschen würde. Wir vergleichen ja auch unsere nimmersatten Banker mit Hyänen und ihr Denken mit dem einer Krebszelle.

Mit Ratten vergleichen wir sie aber nicht.

Die sind dafür zu intelligent.

Oder hat man jemals erlebt, daß eine Ratte sich die Backen mit mehr Futter vollstopft, als sie in ihrem ganzen Leben jemals fressen kann und den anderen genüßlich kauend dabei zuschaut, wie sie verhungern?

Tiere sind da menschlicher.

Aber die Gründe waren ja auch nur vorgeschoben.

Ich hatte schließlich meine eigenen Leute beim Regierungspräsidium, in der Wachmannschaft sowieso und natürlich auch bei den Junkies.

Die erzählten mir, was ich wissen mußte und bekamen dafür von mir, was sie brauchten. So erfuhr ich den wahren Grund für den Rauswurf:

Natürlich steckten die Mitarbeiter des Sozialbüros dahinter.

Die hatten das Regierungspräsidium so lange mit Klagen über meinen "Mangel an Kooperationsbereitschaft" genervt, sprich: meiner Weigerung, mich durch das Ausstellen von Fake-Attesten strafbar zu machen, hatten sicher auch noch die ein oder andere Lüge mit eingestreut – war ja schließlich für einen guten Zweck - bis die mich endlich rausgeworfen haben, damit wieder Ruhe herrschte im rechtsfreien Raum.

Und noch jemand hatte seine schmierigen Finger dabei im Spiel, vertreten durch Herrn E., einen Türken, ebenfalls Mitarbeiter der Sicherheitsfirma und bekannt dafür, daß es kaum eine Schweinerei gab, an der er nicht beteiligt gewesen wäre. . Dieser Erzhalunke hat sich noch nicht einmal geschämt, sogar die Flüchtlinge zu bestehlen, diese Ärmsten der Armen, kurz: eine Schande für alle Türken, eine Schande für seine ganze Nation.

Er spielt in meinem letzten Lagebericht die Hauptrolle, in der Nebenrolle Frau H., eine Prostituierte aus Tunesien.

Eines Morgens stellte ich fest, daß Frau H. die Wachmänner in der Nacht dazu gebracht hatte, in die Praxisräume einzubrechen, dort mit ihr Party zu feiern und Medikamente zu stehlen. Diese Person hatte mich zuvor schon häufiger beleidigt und konnte einmal nur durch rasches Eingreifen der Security von einem körperlichen Angriff gegen mich abgehalten werden.

Grund: Ich hatte mich standhaft geweigert, ihr wegen ein paar Mückenstichen eine Überweisung zum Hautarzt auszustellen.

Ich zeigte sie an wegen Beleidigung und Bedrohung, weil ich dachte, sie solle eine Chance haben unsere Gesetze mal aus der Nähe kennenzulernen und sei es nur, um ihr die Integration in den Untergrund zu erleichtern. Den Einbruch gab ich auch zu Protokoll, doch den konnte ich ihr nicht beweisen. Die entsprechenden Fingerzeige der Wachleute hatten diese mir nur unter dem Siegel der Verschwiegenheit gesteckt.

Meine Anzeige und der Lagebericht mit Hinweisen unter anderem auf die zweifelhaften Aktivitäten des Herrn E. wurden an die zuständige Polizeidienststelle weitergeleitet um die geschilderten Vorgänge auf „strafrechtlich relevante Aspekte" zu überprüfen.

Und?

Sie ahnen es: Nie wieder was davon gehört.

Bis auf ein kurzes Schreiben der örtlichen Staatsanwaltschaft mehr als ein Jahr später mit der Nachricht, das Verfahren gegen Frau H. sei eingestellt worden ihr Aufenthalt könne nicht mehr ermittelt werden, sie sei untergetaucht.

Untergetaucht? Glaub´ ich nicht.

Wozu untertauchen in einem Land, das nur die eigenen Bürger jagt?
*https://www.focus.de/politik/deutschland/**kein-einzelfall-totschlaeger-durften-frei-rumlaufen-darum-entlaesst-die-justiz-immer-wieder-verdaechtige**_id_4896649.html*

Bevor sie jedoch untergetaucht ist, tauchte sie noch einmal auf.

Diesmal in Begleitung des Herrn E. sowie eines Vertreters des Regierungspräsidiums.

Jetzt nötigten sie mich zu dritt, die von Frau H. geforderte Überweisung auszustellen, Diagnose: Mückenstich.

Es war kurz nach Feierabend, ich war müde und hatte längst realisiert, daß unser Land nicht mehr zu digitalisieren ist, also diskutierte ich mit diesen Helfershelfern beim Untergang des Vierten Reiches nur noch so lange herum, bis ich mich davon überzeugt hatte, daß sich jetzt auch das Regierungspräsidium auf die Seite der Rechtsbrecher geschlagen hat, dann stellte ich die Überweisung aus und versuchte nicht darüber nachzudenken, was Frau H. diesen beiden Verrätern als Gegenleistung für ihren kleinen Liebesdienst versprochen haben mag.

Was die Vertreter des Regierungspräsidiums jedoch mit wachsendem Argwohn beäugten, das war die kleine Kaffeeküche, die ich im Vorraum der Praxis für die Wachleute eingerichtet hatte.

Deren Dienste gingen über zwölf Stunden, kein Kiosk in der Nähe, kein Café, kein gemütliches Plätzchen, wo sie sich in den Pausen entspannt einen Snack genehmigen oder ihren Kaffee schlürfen konnten. All das bot ich ihnen auf fünf Quadratmetern, die Ware natürlich zum Selbstkostenpreis. Die Wachleute kamen in großer Zahl, waren begeistert, umarmten mich und einer meinte gar, ich müsse wirklich ein guter Mensch sein. Das habe ich mir allerdings verbeten.

Die kleine Kaffeeküche brummte, desgleichen der nagelneue XXL-Kühlschrank, der immer eisgekühlte Energydrinks enthielt und mir so die Anwesenheit von Wachleuten zusätzlich zu denen garantierte, die ohnehin ständig vor meiner Praxistüre postiert, oft aber zu bekifft waren, um der Attacke eines Angreifers im Drogenrausch etwas entgegenzusetzen.

Einer von ihnen, ein sanftmütiger, hübscher Kerl mit langen Haaren und Pferdeschwanz, band gerne riesige Sträuße aus wildwachsenden Blumen, die er während seines Dienstes draußen vor der Kaserne, vor dem großen Tor gepflückt hatte, andere machten rege Geschäfte mit den Dealern, Dieben und Hehlern, wieder andere flirteten, dem „Fraternisierungsverbot" zum Trotz, mit den illegalen Ladies - alles in allem ein heißer Sommer 2016.

Doch das gefiel den Herren vom Regierungspräsidium überhaupt nicht. Immer wieder tauchten sie auf, untersuchten meine kleine Kaffeeküche akribisch auf winzigste Spuren von Gewinnerzielungsabsichten, überprüften minutiös, ob irgendwas auf diesen fünf Quadratmetern nicht womöglich doch gegen irgendein deutsches Gastronomiegesetz verstieß, zitierten Paragraphen, beschworen die Gefahren, die mit so einem Betrieb verbunden sein können und schauten dabei so besorgt drein, als würde unser Land gerade von einer Million Flüchtlingen überrannt.

Und nachdem sie meine kleine Kaffeeküche mit der für die Ureinwohner dieses Landes so pathognomonischen Gründlichkeit inspiziert hatten, haben sie sie verboten.

Aus Gründen der Sicherheit.

You know, what?

Vielleicht ist es doch nicht so schade um unser Land.

Kapitel 13

Die MPU, buhuu, buhuu ...
oder
Achtung, Geisterfahrer!

Nach dem Ende meiner Tätigkeit im Flüchtlingscamp hatte ich ein weiteres Mal Glück mit der Halbtagsstelle in der kleinen Praxis, in der ich zum Zeitpunkt, wo ich diese Zeilen schreibe, noch arbeite und eigentlich alles vorgefunden hätte, was es brauchte, um mein Leben wieder vom Kopf auf die Füße zu stellen.

Die Fahrverbote waren abgelaufen, die Geldstrafen getilgt, der kleine Zwischenfall mit meiner Verhaftung und dem Verlust meines Autos vergeben und vergessen, die schlimmen Erlebnisse in den Jahren davor auf dem Speicher verstaut, auf dem schon jede Menge anderer, unschöner Erinnerungen aus noch früheren Zeiten herumhängen und darauf warten, sublimiert zu werden.

Langsam keimte Hoffnung in mir auf, wieder da anknüpfen zu können, wo mein Leben drei Jahre zuvor aus den Gleisen gesprungen war, nicht zum ersten, aber hoffentlich zum letzten Mal.

Ich begann wieder an eine Zukunft zu glauben, in der ich unbehelligt meiner Arbeit nachgehen, wieder ein kleines finanzielles Polster auf-bauen könnte, ein neues Auto kaufen, wieder gemütlich durch die Republik schengeln und auch mal wieder Dienste in der Schweiz übernehmen da, wo sie mehr hoch als breit ist – mein letzter Urlaub war 43 Jahre her! - kurz: ich begann, wieder davon zu träumen, in das Leben zurückzukehren, von dem ich mein Leben lang geträumt hatte.

Aber das wäre doch zu einfach gewesen.

Das mußte spätestens die MPU-Stelle TÜV SÜD verhindern. Und zwar in Gestalt eines etwas zu klein geratenen Psychologisten, weniger ein Erwachsener als ein kleiner Strolch, ein böser Zwerg in kurzen Hosen mit Augen, kalt wie Fisch mit Haß auf die Nordsee und dem dezenten Ikterus derer, die heimlich saufen, weil niemand sie lieb hat.

Psychologische Gutachter, hm ... - Versuch einer Definition: Ein psychologischer Gutachter ist einer, der sich mit Fragen beschäftigt, ob der Papst katholisch ist, Hitler ein Nazi war oder ob sie einem wie Breivik ins Hirn geschissen haben.

Man möchte schon beim bloßen Versuch, sich in Hirngespinste hineinzuabstrahieren, in denen solche Fragen scheinbar Sinn machen, zur Bong greifen. Denn der gleiche Gutachter würde - angemessenes Honorar, ausgewachsene Profilierungssucht oder schlicht Opportunismus vorausgesetzt, auch beweisen, daß der Papst ein Moslem ist, Hitler ein Heiliger war und Bin Laden der lang erwartete Messias, daß die jüdische Rasse minderwertig, der Diesel sauber und die Erde eine Scheibe ist.

Die sehr unterschiedlichen Meinungen zum Wert psychologischer Gutachten im Allgemeinen und der MPU im Besonderen kann man sich zusammengoogeln, muß man aber nicht. Schließlich weiß jeder, der seinen Verstand noch nicht versoffen hat, um was für ein verlogenes Schmierentheater es sich bei dieser Veranstaltung handelt, die sich da jenseits jeglicher Wissenschaftlich-keit, Transparenz und Kontrolle abspielt.

Und warum?

Warum wohl.

Natürlich weil sich da im schamvoll Verborgenen mal wieder ein Machtapparat aufgebaut hat, eine ganze Industrie mit der Lizenz zum Gelddrucken, ein weiterer Kreislauf der Gewinnmaximierung, der übliche Filz, die übliche Vetternwirtschaft bei der die einen sich schwindelig verdienen und Menschenwürde und Zukunft der anderen in hohem Bogen rausfliegen.

Hier die Antwort einer Ärztin und Psychotherapeutin, die ich in meiner Naivität als erste fragte, ob ich die MPU-Vorbereitung bei ihr machen könnte, wobei ich mir auch wünschte, die zuvor erlebten Schrecken mit ihrer Hilfe zu verarbeiten:

„Liebe Judith

Gerne können wir zusammenarbeiten und aufarbeiten und Du

würdest auch eine Bescheinigung von mir kriegen. Könnte allerdings trotzdem Schwierigkeiten mit der MPU-Stelle geben.

Von B., deren Mann alkoholisiert auf dem Fahrrad erwischt wurde und der deswegen seinen Führerschein verloren hat, weiß ich, daß die nur die Aufarbeitung durch ihre eigenen Psychologen anerkennen (natürlich nicht offiziell).

Vermutlich Arbeitsbeschaffungsmaßnahme für die MPU-Psychologen. Das hat sich herumgesprochen, so daß die Leute gar nicht mehr ihre Zeit damit verlieren, anderswo Therapie zu machen, um nachher doch bei einem MPU-Psychologen landen zu müssen. Alle anderen wären ja zu "soft" und würden das Problem nicht richtig anpacken. .... Machtmißbrauch eben. (...)"

Ihren Alleinvertretungsanspruch begründen die MPU-Ideologen vor allem mit der angeblichen Wissenschaftlichkeit ihrer Testverfahren ohne daß es auch nur eine Studie gäbe, die diesen Anspruch rechtfertigen würde, was auch daran liegen mag, daß sie an einer solchen Überprüfung wenig Interesse haben, wohl wissend, wie triumphal sie dabei abstinken würden.

Studien wiederum, die die Unwissenschaftlichkeit des MPU-Konzeptes beweisen würden, sind nicht erforderlich, dafür genügen einige wenige Überlegungen:

Es gibt drei sogenannte „Hauptgütekriterien", die ein Testverfahren erfüllen muß, um Anspruch auf Wissenschaftlichkeit erheben zu können: Objektivität, Validität und Reliabilität.

Auf Deutsch: Der Untersucher muß unvoreingenommen sein, er soll das messen, was gemessen werden soll und man sollte sich darauf verlassen können, daß seine Testergebnisse auch korrekt sind.

So banal diese Mindestanforderungen sind – die MPU erfüllt nicht eine einzige davon. Nicht einmal annähernd!

Fangen wir an mit der Objektivität:

Jeder weiß es, die Erfahrung zeigt es, die Statistik beweist es: Eher tanzt ein Kamel Limbo durchs Nadelöhr als daß einer durch die MPU kommt, bevor er nicht seinen Obolus abgedrückt hat für einen der sogenannten Vorbereitungskurse, dieser zuverlässig sprudelnden Geldquelle für eine Subgruppe parasitärer Psychologen, die es im richtigen Leben zu nichts gebracht haben und die ihrer Kundschaft nun im Akkord beibringen den

MPU-Gutachter auszutricksen, der mit ihnen unter einer Decke steckt und am Gewinn beteiligt ist.

Auch bei der Interpretation der für Alkoholmißbrauch maßgeblichen Laborwerte kann von Unvoreingenommenheit keine Rede sein:

Unauffällige Werte, so formulieren MPU-Gutachter grundsätzlich, würden Konsum nicht ausschließen.

Abgesehen davon auch hier die konsequente Mißachtung des rechtsstaatlichen Prinzips des „In dubio pro reo".

Das liebste Vorurteil von MPU-Hardlinern und der Wissenschaftler, auf die sie sich berufen, sofern diese ihre Vorurteile bestätigen, lautet: einmal Säufer, immer Säufer.

Abstinenz ist in ihren Augen höchstens ein besonders raffinierter Trick, um eine dahinterliegende Trunksucht zu verbergen und da echte Alkoholiker tatsächlich dazu neigen, ihre Sucht bis zum bitteren Ende zu leugnen, kommt der MPU'ler zu dem Zirkelschluß, daß jeder umso sicherer ein Trinker, je mehr er es abstreitet.

Probanden, die sich einfach aus eigenem Willen für eine trockene Zukunft entschieden haben, oder weil die Probleme gelöst sind, derentwegen sie mal getrunken haben, kommen im Weltbild eines MPU'lers nicht vor.

Heilsarmee? Hält er wahrscheinlich für eine Horde Mediziner, die mit Stethoskopen aufeinander einschlagen und sich aus dem Hinterhalt mit Kopfschmerztabletten bewerfen.

Objektivität fordert ferner, daß mehrere Sachverständige bei der Untersuchung eines Probanden in Bezug auf das gleiche Merkmal zum gleichen Ergebnis kommen.

Schon wieder durchgefallen:

Ein Jahr, bevor ich bei der MPU grandios gescheitert bin, hatte Dr. G., ein Psychiater und Allgemeinmediziner des Gesundheitsamtes auf Veranlassung der für meine Approbation zuständigen Bezirksregierung bereits ein Gutachten verfaßt, um die Frage zu klären, ob bei mir eine Alkoholabhängigkeit vorläge.

In diesem Gutachten deutet Dr. G. meinen vorübergehenden Alkoholmißbrauch völlig korrekt als Reaktion auf den exorbitanten Dauerstreß, dem
ich damals ausgesetzt war. Das Vorliegen einer Alkoholabhängigkeit verneint er ausdrücklich.

Er kennt halt den Unterschied zwischen Menschen, die ein Problem haben, weil sie trinken und Menschen, die trinken, weil sie ein Problem haben.

Sein Gutachten ist differenziert, widerspruchsfrei, gibt meine Aussagen
unverfälscht wieder und orientiert sich an Tatsachen.

Dieser Arzt hat mich ernst genommen und meinen Worten geglaubt.

Nach so langer Zeit, in der mein Ruf ständig durch den Dreck gezogen und
nur den Lügen meiner Gegner Glauben geschenkt worden war, hat er mir
erstmals wieder gezeigt, wie gut Respekt und Wertschätzung sich anfüh-
len.

Das Gespräch mit ihm fand an zwei Terminen statt und dauerte insgesamt
sieben Stunden.

Das MPU-Gespräch, etwa ein abstinentes Jahr später, dauerte genau 64
Minuten und war in dem Augenblick beendet, als ich auf die entsprechende Frage des Gutachters antwortete, keinen Vorbereitungskurs gemacht
zu haben.

Ich weiß nicht, wer überraschter war - der Psychologe über mein freimüti-
ges Bekenntnis oder ich über die verblüffende Wirkung, die es auf ihn
hatte: Ihm fiel buchstäblich der Griffel aus der Hand.

Er schnappte ein paar Mal nach Luft und rang sichtlich nach Worten, während sein Ikterus einen leicht rosigen Schimmer bekam - vermutlich Folge
eines akuten Blutdruckanstieges – schließlich brach es aus ihm heraus:
„Das hier ist doch kein VORBEREITUNGSKURS!!"

Eine Äußerung, deren Logik sich mir bis heute nicht erschließt.

Und obwohl ich angegeben hatte, seit mehr als einem Jahr keinen Alkohol
mehr zu konsumieren, stammelte er auf meine Frage, ob ich „bestanden"
habe - noch bebend vor Entrüstung - nix da!

Ich sei ja wohl „schwer abhängig", müsse „mindestens ein Jahr lang Absti-nenznachweise beibringen, einschließlich Haarprobe!

Auch müsse ich mein „Trinkverhalten gründlich aufarbeiten", und zwar in einem Vorbereitungskurs - klar, wo sonst! - dann könne ich es noch einmal versuchen. Ich sei „grundsätzlich rückfallgefährdet", so formuliert er spä-ter auch in seinem Fahreignungsgutachten, daher sei „zu erwarten, daß ich auch zukünftig ein Kraftfahrzeug unter Alkoholeinfluß führen" würde. Während Dr. G. mich in seinem Sieben-Stunden-Werk als „glaubhaft" und „authentisch" beschreibt, als „rapportfähig im Sinne einer normgerechten Verhaltensänderung", bei mir gar „eine starke Gewissensbildung", „eine klare ethische, moralische Verantwortung" sieht, unterstellt der MPU-Psychologe mir „eine generell geringe Akzeptanz sozialer Werte und eine Überbewertung subjektiver Bedürfnisse".

Mit subjektiv meinte er vermutlich das Bedürfnis, dem Untergang davon-zufahren, mit oder ohne Fahrerlaubnis.

Ohnehin liest sich das Gutachten dieses MPU-Psychologikers streckenwei-se, als hätte er beim Schreiben einen Schlaganfall erlitten oder als hätten seine Medikamente aufgehört zu wirken.

Ich gebe seine Ausführungen hier wörtlich wieder und verspreche jedem, der irgendeinen Sinn hinter diesem Wortsalat entdeckt, eine Buddel Rum:

„ (...)

- *... sie habe 2-3 Mal wöchentlich 2-3 Flaschen Wein à 0.7 Liter, dazu regelmäßig eine Flasche à 0.7 Liter getrunken ...*
- *Ihr Maximalkonsum, zu dem es weniger als einmal monatlich gekom-men sei, sei 2,1 Liter Wein gewesen. Auf Nachfrage und Hinweis auf den Widerspruch: 2,1 Liter Wein bei einer Gelegenheit habe sie zwi-schen Ende 2014 und dem Delikt insgesamt 3-4 Mal konsumiert.*

• Am Tag der Alkoholfahrt habe sie innerhalb von einer halben bis einer dreiviertel Stunde 0.75 Liter Wein getrunken.

Auf Nachfrage und Hinweis auf die Unplausibilität, es sei so gewesen, es wundere sie auch. ...

- *...Sie sei 1978 mit dem damaligen Ehemann darauf gekommen, daß aller Alkohol der Schwester geschuldet sei.*
- *...sie habe auch mal reduziert bis sich die Leber zurückgehalten habe ...*
- *... habe auch mal 1 Viertel Wein getrunken und dann aber wieder die Flasche angesetzt ...*
- *Auf die Frage, warum sie nicht fachliche Hilfe in Anspruch genommen habe, antwortet sie, daß die Hilfe darin bestanden habe, daß sie einen Job als Ärztin ausüben könne und der Tag sei besser gewesen als ein Lottogewinn.*
- *... sie habe gedacht daß sie über die rituelle Bedeutung jeden Abend ein Viertel Wein trinken könne.*
- *Nachgefragt, wie sie es geschafft habe, nicht rückfällig zu werden: Das hänge mit der Entwicklung zusammen, die sei brutal und gewalt-tätig gewesen und wenn Dr. G. den Meister repräsentiere, dann sei Schluß ..."*

Heißt es vielleicht deshalb „Idiotentest"?

Zwischendurch scheint er wieder etwas aufzuklaren, dann gelingt es ihm, ein paar verständliche Sätze zu formulieren, Stichwort: Entzugserscheinungen. Ihr Nachweis ist durchaus hilfreich, wenn man jemandem um jeden Preis eine Sucht anhängen will. Und das wollte Herr W. Um jeden Preis. Also schreibt er, ich hätte bereits Entzugserscheinungen gehabt, obwohl ich seine entsprechende Frage im Gespräch zwei Mal klar und deutlich mit Nein beantwortet hatte.

Dafür gibt es nur eine Erklärung: Herr W. von der MPU-Stelle TÜV Süd hat gelogen. Und zwar wissentlich.

Wenn ihm das mal nicht das Karma versaut!

Aber das war ja noch nicht alles. Da waren ja noch die „gravierenden Verkehrsauffälligkeiten": Fahren ohne Fahrerlaubnis, dazu der „Rotlichtverstoß" und dann die Impertinenz, mit der ich diesen zu bagatellisieren versuchte, indem ich ihn hartnäckig auf einen schlichten Haltelinienverstoß reduziert wissen wollte. So wird im Verlauf seines Gutachtens aus mir nicht nur eine beratungsresistente Schnapsdrossel, sondern auch noch eine unverbesserliche Pistensau, die als Folge einer „Anpassungsstörung auf emotionale Anspannung mit unangemessenem Fahrverhalten reagiert".

„Die Angaben im Untersuchungsgespräch", so konfabuliert Herr W. fröhlich weiter, „weisen darauf hin, daß es Frau P. bis jetzt noch nicht genügend gelungen ist, sich kritisch mit dem bisherigen Verkehrs-verhalten auseinanderzusetzen", es sei daher „aufgrund der erheblichen Verstöße gegen verkehrsrechtliche Vorschriften sowie der heutigen Befundlage nicht zu erwarten, daß sich Frau P. künftig im Straßenverkehr ordnungsgemäß verhalten, also bei der Verkehrs-teilnahme nicht erheblich oder wiederholt gegen straf- oder verkehrsrechtliche Bestimmungen verstoßen wird." Wie er auf das schmale Brett kommt erklärt er natürlich nicht für die fast 700 Euro, die er und seine Firma dafür kassiert haben.

Am Ende dann noch der ultimative Beweis, daß er beim Verfassen des Gutachtens nicht ganz nüchtern gewesen sein kann, denn da schreibt er wörtlich: „Es ist zu erwarten, daß Frau P. auch zukünftig ein Kraftfahrzeug unter Alkoholeinfluß führen wird, auch wenn als Folge eines unkontrollierten Alkoholkonsums keine Beeinträchtigungen vorliegen, die das sichere Führen eines Kraftfahrzeuges in Frage stellen."

Aus dem Gefälle an Professionalität zwischen dem Gutachten von Dr. G. und dem des Herrn W. könnte man glatt Strom gewinnen!

Kommen wir nun zum zweiten Hauptgütekriterium, der Validität. Der Frage, ob ein Test wirklich das gemessen hat, was er messen sollte. Mathematische Kenntnisse zum Beispiel überprüft man am besten mit Matheaufgaben. Überprüft man sie mit einem Vokabel-test, ist das Ergebnis „nicht valide".

Was eine MPU ursprünglich beantworten soll ist ja die Frage, ob von einem Probanden noch eine Gefahr für den Straßenverkehr ausgeht.

Schauen wir uns doch beispielhaft einmal einen Auszug aus einer dieser „Wir bringen Sie durch die MPU" - Werbebotschaften an, etwas anonymisiert, denn sie lauten alle mehr oder weniger gleich:

https://www.mpu-vorbereitung.com/xxx-stadt/

„ (...) Ohne Vorbereitung kaum zu schaffen!

Verabschieden Sie sich von dem Gedanken, daß Sie sich ganz allein auf die MPU vorbereiten können.... Sie werden von uns bei den Vorbereitungskursen in xxx-stadt optimal auf die MPU geschult und sind danach in der Lage, die richtigen Antworten zu geben. Und zwar so, daß diese nicht wie auswendig gelernt wirken. Denn auch hierauf achten die MPU Prüfer mittlerweile genauer. Nicht zögern, sondern jetzt buchen: Machen Sie bei uns in xxx-stadt Ihre MPU Vorbereitung und freuen Sie sich auf Ihren Führerschein. Mit uns ist der Weg dahin deutlich einfacher. Und das zu einem überaus attraktiven Festpreis! ..."

Rührend, diese Offenheit.

Der Festpreis beträgt übrigens durchschnittlich fünfhundert bis tausend, für den Veranstalter durchaus attraktive Euro.

Nur so zum Vergleich stellen wir uns doch einmal folgendes vor: Ein verurteilter Vergewaltiger hätte seine Zeit im Knast abgesessen, würde aber nicht eher freigelassen, als bis ein von ihm selbst (!) zu bezahlender Gutachter mithilfe einer „SPU", einer „Sexuell-Psychologischen Untersuchung", die Wahrscheinlichkeit ermittelt hat, ob er in Freiheit wieder über eine Frau herfallen wird.

Stellen wir uns weiter vor, es gäbe an jeder Straßenecke speziell ausgebildete „Geschlechtsverkehrspsychologen", die dem Täter - wiederum gegen angemessenes Honorar - anböten, ihm die passenden Antworten auf die Fragen des Gutachters so einzubläuen, daß dessen Entscheidung anschließend mit maximaler Wahrscheinlichkeit zu seinen Gunsten ausfällt.

Was der SPU-Gutachter nach einem solchen „erfolgreich" absolvierten Vorbereitungskurs doch allenfalls noch messen kann ist das schauspielerische Talent des Probanden, seine Fähigkeit, ein paar Statements auswendig zu lernen und die Skrupellosigkeit mit der er bereit ist, seinem Gegenüber die Tasche vollzulügen um schnell wieder zurück auf die Straße zu kommen, sich die nächste Frau zu greifen, sie zu mißbrauchen und am Straßenrand liegenzulassen wie einen Müllsack.

Wir alle wissen, wie das ausgeht.

Jeden Tag steht ein neues Opfer dieser wissenschaftlichen Version des Russischen Roulettes in der Zeitung.

Das einzige, was man bei dieser Art von Straftätern mit Sicherheit sagen kann ist, daß man nichts mit Sicherheit sagen kann. Gutachter, die es trotzdem tun, leiden an Selbstüberschätzung, Größenwahn oder sind schlicht gewissenlos.

Das zur Validität.

Nun zum dritten Hauptgütekriterium, der Reliabilität, der Frage, ob man sich darauf verlassen kann, daß das Ergebnis einer Untersuchung auch korrekt ist.

Frage an Radio Eriwan:

Wenn ein Test nicht objektiv durchgeführt wurde und auch nicht das gemessen hat, was er messen sollte - wie zuverlässig ist dann das Ergebnis?

Immerhin erfüllen diese Spökenkieker mit der unkorrigierbaren Überzeugung, mit der sie an ihr realitätsfernes Konzept glauben drei andere Hauptkriterien, und zwar für die Diagnose „Wahn".

In Wahrheit durchschauen sie den Bluff natürlich selber, aber sie leben halt zu gut davon, oder, um es mit den Worten des amerikanischen Sozialkritikers Upton Sinclair zu sagen:

„Es ist schwierig, einen Menschen dazu zu bringen, etwas zu verstehen, wenn sein Gehalt davon abhängt, daß er es nicht versteht."

Ich bezeichne es als „Autokorruption", als „Selbsthelfersyndrom".

Will heißen: Es ist illegal und es ist krank.

So zerstören die MPU'ler um den Judaslohn ihrer eigenen Existenzsicherung willen die Existenz anderer und verraten das ursprünglich gutgemeinte Konzept täglich aufs Neue, indem sie nicht die möglichen Wiederholungstäter durchfallen lassen - die können sie nach „gelungener" Vorbereitung ja überhaupt nicht mehr identifizieren - sondern ausgerechnet jene, die an einem solchen Vorbereitungskurs zur Gutachter-Verarsche NICHT teilgenommen haben, die KEINE auswendiggelernten Statements abliefern, im Zweifelsfall also die ehrlicheren Antworten liefern und das wäre eine wirklich gute Pointe, wenn es für die Opfer nicht so bitter wäre.

Die einzigen objektiven, validen und reliablen Tests zum Nachweis von Abstinenz sind die unangekündigten Blut- und Urinuntersu-chungen. Die sind auch bezahlbar und zwingen den Probanden mehr als jedes morali-sche Argument dazu sich über einen langen Zeitraum jedes einzelne Mal gut zu überlegen, ob er wieder zur Flasche greift oder vielleicht lieber mal einen Joint raucht.

Therapien, sofern sie überhaupt erforderlich sind, werden von der Kasse bezahlt und auch von qualifizierten Psychologen angeboten, die nicht mit dem MPU-Klüngel verfilzt sind.

Dieser Zwang, die Vorbereitung bei ganz bestimmten „zertifizierten Be-gutachtungsstellen" machen zu müssen, zeigt mit ausreichender Deutlich-keit, daß es hier am allerwenigsten um Aufarbeitung oder Verhaltensän-derung geht sondern wieder nur um die übliche Günstlingswirtschaft und Selbstbereicherung.

Der Gesetzgeber fordert nur eine MPU, von Vorbereitungskursen hat er nichts gesagt.

Die schossen erst wie Pilze aus dem Boden, als die ersten Opfer der Will-kür von MPU-Gutachtern um Hilfe riefen - und genau diese Gutachter bilden jetzt zusammen mit den Kursanbietern eine Gewinngemeinschaft und bieten gegen Geld Kurse an zum Schutz vor ihrer eigenen Willkür? Hmm ... an welche andere „Interessengruppe" erinnert uns das, die eben-falls mit Begriffen wie „Schutz" und „Geld" untrennbar verbunden ist?

Immerhin ist die MPU in der Folge tatsächlich berechenbarer geworden: Neunzig Prozent ihrer eigenen Kundschaft winken sie durch, 100% Kurs-verweigerer lassen sie durchfallen:

*https://www.welt.de/motor/article3491991/**Das-Geschaeft-mit-dem-Idiotentest-brummt**.html*

„ ... Nimmt man für 472 Euro am Kurssystem des TÜV Süd teil, liegt zudem die dort errechnete Rückfallquote bei gerade mal zehn Prozent. Dass die Vorbereitung auf die MPU auch für den TÜV Süd ein einträgliches Geschäft ist, mag dort niemand abstreiten. „60 bis 70 fest angestellte Psychologen müssen sich tragen", sagt Wagenpfeil. „Schließlich sind wir kein karitativer Verband ... "

Nein, mit Nächstenliebe haben sie wirklich nichts am Hut. Die MPU erhöht nur die Zahl der EU-Führerscheine hierzulande, die Zahl gescheiterter Existenzen, die Zahl derer, die ihren Kummer darüber in noch mehr Alkohol ertränken und die Zahl derer, die einfach ohne Führerschein weiterfahren, um ihren Arbeitsplatz nicht zu verlieren. Das einzige, was die MPU nicht erhöht, ist die Sicherheit im Straßenverkehr.

Es gibt noch zwei weitere Aspekte, die nahelegen, daß die MPU-Pflicht mit unserem Grundgesetz nicht vereinbar sein kann: Wenn man überlegt, was so eine MPU mit Abstinenznachweisen und Vorbereitungskursen kostet – da kommen locker ein paar Tausender zusammen und das womöglich mehrmals, wenn man mehr als einmal durchfällt. Kosten, die sich zur eigentlichen Geldstrafe hinzuaddieren und für Normalverdiener schlicht nicht mehr zu stemmen sind.

Eine Gesetzgebung mithin, die arme Menschen ganz unverblümt benachteiligt.

Ferner kommt es durch die Pflicht zur MPU, zumal wenn man sie wiederholen muß, zu einer Verlängerung des vom Gesetzgeber ausgesprochenen Fahrverbotes um einen unbestimmten und nicht berechenbaren Zeitraum.

Zusätzliche Kosten zur eigentlichen Geldstrafe und Verlängerung des Fahrverbotes jedoch stellen faktisch einen Verstoß dar gegen **Artikel 103, Absatz 3 GG**, dem Verbot der Doppelbestrafung, dem „ne bis in idem" – nicht zweimal für das Gleiche:

http://deacademic.com/dic.nsf/dewiki/1006368

„ ... Der Grundsatz „ne bis in idem" reicht nach der Rechtsprechung des Bundesverfassungsgerichts über ein bloßes Verbot der Doppelbestrafung hinaus. Er verbietet grundsätzlich auch eine erneute Straf-verfolgung. Denn der Betroffene soll durch ihn auch vor den existentiellen Unsicherheiten eines zweiten Strafverfahrens in derselben Sache geschützt werden. ..."

Warum gilt dieser Schutz vor „existentiellen Unsicherheiten" mal wieder nur für echte Verbrecher?

Mit der Zahl der Unfallopfer durch Alkohol läßt sich das nicht begründen, denn die ist zwar wirklich furchterregend hoch, doch die MPU verhindert nicht einen einzigen davon. Auch das Argument, die Strafen in anderen

Ländern seien viel härter, zieht nicht: Da zahlt man sicher mehr oder sitzt in schlimmeren Fällen im Knast seine Strafe ab und bekommt den Lappen wieder zurück.

Aber in Deutschland wird er dazu noch seiner zukünftigen beruflichen Existenz beraubt und gleichzeitig der Möglichkeit, sich wieder eine neue aufzubauen!

Noch nicht einmal das das Finanzamt als Gläubiger darf das Auto eines Schuldners pfänden, weil Mobilität heutzutage so unverzichtbar ist für Leben und Arbeiten, daß sie sogar als Grundrecht in unserer Verfassung verankert ist! Eine Paralleljustiz wie die MPU kann damit nicht vereinbar sein!

Und wenn doch, warum werden dann nicht auch Sexualstraftäter verpflichtet, auf eigene Kosten mit einem Gutachten nachzuweisen, daß sie keine Gefahr mehr darstellen für die anderen Teilnehmer des öffentlichen Lebens, zum Beispiel für die Kinder auf dem Spielplatz? Für die Frauen auf der Straße? Womit rechtfertigt der Gesetzgeber eine solche Ungleichbehandlung?

Die MPU beraubt uns in mehrfacher Hinsicht unserer Grund- und Menschenrechte, deshalb müssen alle ihre Gutachten für ungültig erklärt und für die Opfer eine Generalamnestie ausgerufen werden.

Jeder weiß Bescheid über den wahren Charakter dieser Organisation.

Auch Herr W.

Wenn er mir also trotzdem die „Aufarbeitung" eines - zudem schon lange nicht mehr existierenden - Problems „mit fachlicher Hilfe" empfiehlt, sprich: einem seiner Bezahl-Kurse, wenn er dieses unwürdige Schauspiel gar zur Voraussetzung macht für ein positives Gutachten, was sagt das über seinen Charakter aus?

Über seine Komplizenschaft mit den Kursveranstaltern?

Lieber Gott,

Schaff uns die MPU vom Hals und dann mach die Welt wieder so, daß man sie sich nicht erst schönsaufen muß!

Ganze Existenzen hat die MPU auf dem Gewissen.

Meine jetzt auch.

Deshalb nutze jetzt auch ich das Hintertürchen, welches uns die Verfassungsrichter – darunter womöglich auch das ein oder andere MPU-Opfer? - dankenswerterweise offengelassen haben und welches uns für alle Zeit von der MPU befreit:

Ab ins Ausland, neuer Führerschein, neues Glück.

Mit einem Unterschied: ich komm nicht mehr zurück. Höchstens mal spaßeshalber mit neuer Staatsbürgerschaft, um hier Asyl zu beantragen. Will doch ein einziges Mal erleben, wie es sich anfühlt, in der eigenen Heimat vor Verfolgung sicher zu sein!!

Apropos Korruption, Verbrechen, Vetternwirtschaft, Lüge, Mißbrauch, Monopolismus, Willkür, Gier und Skrupellosigkeit - kommen wir doch zu einer weiteren Erfindung, die die Welt nicht braucht, kommen wir nun zur Kassenärztlichen Vereinigung …

Kapitel 14

Das Glasauge von Mordor

Entgegen eigener Darstellung und entgegen dem Glauben vieler ihrer Mitglieder wird den KVen die Vertretung der Interessen der Vertragsärzte im SGB-V nicht zugeschrieben.
http://www.arztwiki.de

Gott bewahre, nein!

Die einzigen Interessen, die die KV jemals vertreten hat, sind ihre eigenen und dafür gehen sie über Leichen:

*https://www.zeit.de/2001/36/**Lobbyismus_mit_Todesfolge***

Zu den Aufgaben der KV gehört es nur, die Patientenversorgung rund um die Uhr sicherzustellen und die Rechte der Kassenärzte gegenüber den Krankenkassen zu vertreten.

Frage an Radio Eriwan:
Welche Rechte hat ein Kassenarzt in Deutschland und stimmt es, daß Iwan Iwanowitsch in der Lotterie ein rotes Auto gewonnen hat?

Radio Eriwan: Im Prinzip ja. Aber es war nicht Iwan Iwanowitsch, sondern Pjotr Petrowitsch.
Und es war auch kein rotes Auto, sondern ein blaues Fahrrad.
Und er hat es auch nicht gewonnen, sondern es wurde ihm gestohlen. Alles andere stimmt.
Aber ein Kassenarzt in Deutschland hat keine Rechte.
Dafür hat er die KV.

Tja, womit anfangen in dieser unendlichen Geschichte der Tyrannei, des Psychoterrors, der Machtbesessenheit, der hemmungslosen Habgier, Heimtücke und Niedertracht, mit denen die Kassenärztliche Vereinigung seit Generationen niedergelassene Ärztinnen und Ärzte schikaniert, drangsaliert, ruiniert und in Scharen aus der Patientenversorgung treibt?

Damit, daß die KV seit Jahrzehnten selbst von Seiten der Politik kritisiert wird als „Wettbewerb verhindernde Monopole und Kartelle"
(http://www.arztwiki.de), als „Selbstverwaltung, an der irgendetwas faul ist" (Katrin Göring-Eckardt, Grüne), „die keine Existenzberechtigung mehr

hat" (Florian Gerster, SPD), „die zerschlagen werden muß" (Horst Seehofer, CSU)?

Damit, daß das Fünfte Sozialgesetzbuch von einem Rechtsexperten bezeichnet wird als „ein perverses Stück Jura" mit seiner „Vielzahl von Regelungen", die „mit der Berufsfreiheit, der Koalitionsfreiheit, aber auch mit der Eigentumsgewährleistung nicht vereinbar" sind? *(ebenfalls http://www.arztwiki.de)*

Oder vielleicht mit dem unabweisbaren Verdacht, daß bei den Verhandlungen hinter verschlossenen Türen Korruption, Vettern- wirtschaft und Selbstbedienung in bislang ungeahntem Ausmaß stattfinden? Von den Milliarden, die jährlich im undurchdringlichen Morast zwischen Kassen und KVen verschwinden, den trockenzulegen aus unerfindlichen Gründen bisher noch niemandem gelungen ist? Noch nicht einmal Seehofer, der diese Mischpoke aus Vorständen und Funktionären in seiner Zeit als Gesundheitsminister bezeichnet haben soll als „Vampire, denen man das Führen einer Blutbank anvertraut hat" - und kurz darauf seinen Posten los war? Geschweige denn seiner Nachfolgerin, der Grünen Andrea Fischer, die mit den Worten zitiert wird, sie sei „es leid, mit anzusehen, wie Ärztefunktionäre das Geld der Versicherten veraasen", aber eben auch nichts dagegen unternommen hat und nach kurzer Zeit von ihrem Amt zurückgetreten ist?

Oder damit, daß führende Rechtsexperten das Fünfte Sozialgesetz-buch in wesentlichen Teilen gar für verfassungswidrig halten?

Geschenkt! Werden meine niedergelassenen Kolleginnen und Kollegen rufen. Das wissen wir doch längst!

Tja, dann frage ich mich, was Eure Knebelverträge juristisch über-haupt wert sind und wie lange Ihr diese Herrschaften noch dafür bezahlen wollt, daß sie Eure Interessen zertreten.

Was die Rufmordkampagne der KV gegen mich betrifft, kommt mir der Umstand sehr zugute, daß die Täter sich noch nicht einmal die Mühe gemacht haben, die Ungesetzlichkeit ihrer Aktionen zu verbergen, so unangreifbar wähnen sie sich.

Anscheinend sind sie das aber auch.

Einerseits schon aufgrund des „Too Big To Fail"-Prinzips. Andererseits, weil diese Körperschaft vom Gesetzgeber ebenso wenig zu befürchten hat, wie die Mafia in Sizilien, weshalb sie innerhalb der Ärzteschaft auch gerne mit dieser Gesellschaft in einem Atemzug genannt wird, meist mit etwas Schaum vor dem Mund.

Weder meine Hilferufe an KV-Vorstände und Schiedsgerichte, weder meine Dienstaufsichtsbeschwerden an Ärztekammer und Ministerien, noch drei Fachanwälte noch die zigtausend Euro, die ich ihnen habe rüberwachsen lassen waren geeignet, mir mein Recht zu verschaffen oder die KV wenigstens daran zu hindern, meine berufliche Existenzgrundlage zu zerstören.

Schließlich wandte ich mich gar mit einer Petition an die Bundesregierung. Süß, was die mir zurückgeschrieben haben, um mich von der Unentbehrlichkeit dieses furchtbaren Vereins zu überzeugen. Mit deren Argumentation hätte man auch ein Plädoyer gegen den Untergang des Dritten Reiches halten können, wenn man bedenkt wie das damals gestaubt hat!!

So sehr ich einsehe, daß man das Funktionieren einer mächtigen Institution nicht für jede Banalität zur Disposition stellen darf - aber man muß erkennen wann es sich dabei mal wieder um *Die Banalität des Bösen* handelt.

Ich war ja auch nicht die Einzige, die in dieser Zeit von der KV verfolgt und terrorisiert wurde. Deshalb liegen mir neben meinem eigenen Schriftwechsel als weitere Belege für das dunkle Treiben dieser jenseits von Recht und Gesetz agierenden Körperschaft auch deren Schriftwechsel mit drei anderen Kollegen vor, alle drei ebenfalls seit Jahren und Jahrzehnten unbeanstandet im Notdienst tätig und über Nacht angeblich zur „Gefahr für Patienten" geworden. Auch sie wurden auf Betreiben, insbesondere des KV-Bezirksstellenleiters N. von der Kassenärztlichen Vereinigung Westfalen-Lippe und mit tatkräftiger Unterstützung durch eine Handvoll rückgratloser Helfershelferinnen aus vier Notdienstpraxen bespitzelt, denunziert und verleumdet.

Gründe dafür sind unter anderem in den veränderten Gegebenheiten als Folge der Neuorganisation des Hausärztlichen Notdienstes zu sehen. Doch wie immer ging es um Macht, Moneten, Monopol.

Im Rahmen meiner Recherchen traf ich auch auf eine Hausärztin, die gerade entnervt ihre Praxis aufgegeben hatte und inzwischen mit ihrem Mann, ebenfalls Arzt, und den drei Kindern in Neuseeland lebt und arbeitet.

Sie schilderte mir, mit welchem Fintenreichtum die KV über Monate versucht hat, sich ihren freiwerdenden Kassensitz praktisch für lau unter den Nagel zu reißen. Wie schwer sie es ihr gemacht haben, ihre „kleine Burg", wie sie ihre Praxis nannte, zu verteidigen.

Auf meine Frage, ob sie nicht daran gedacht habe, eine Anwältin einzuschalten, entgegnete sie nur verbittert:

„Nee, eher ein Rollkommando!"

Kleine Pointe am Rande: selbst wenn sie die KV verklagt und den Prozeß gewonnen hätte – sie hätte in jedem Fall auch die Anwälte der KV mitbezahlt. Deren Gehalt wird schließlich auch aus den Beiträgen der Kassenärzte finanziert.

Nein, die KV hat nichts zu befürchten.

Auch die Ausführungen des Klevener Landarztes Dr. med. Michael Kroll, einem Schelm vor dem Herrn, sind geeignet, eine Ahnung zu vermitteln über das Ausmaß an Korruption und Unterdrückung der Ärzte durch die KV, ohne daß der Gesetzgeber bisher etwas gegen dieses verbrecherische Syndikat unternommen hätte.

Mit deren Untaten und vielen bemerkenswerten Gedanken zu unserem Gesundheitssystem hat allein Dr. Kroll schon drei Bände gefüllt:

https://www.amazon.de/verflixten-Erlebnisse-Klever-lieben-Schelm/dp/B015ERHMQ8

Deshalb beschränkte ich mich hier auf die Schilderung des Vernichtungsfeldzuges, den die KV von Frühjahr 2014 an gegen meine Kollegen und mich geführt hat und bezeichne sie im Folgenden als „Herrschaften von Mordor", um den düsteren Geist zu charakterisieren, der sie umnebelt und ihr unermüdliches Streben, „sie alle zu finden, ins Dunkel zu treiben und ewig zu binden".

So nannte ich sie schon, bevor ich das gleiche Zitat in den Bänden von Dr. Kroll ebenfalls vorfand.

Etwas Wesentliches soll damit ausgedrückt werden: Es kann mit diesen Herrschaften keine Kompromisse geben.

Die KV muß weg mit Stumpf und Stiel.

Deshalb hier meine Aufforderung an alle Hausärztinnen und Hausärzte, die im goldenen Käfig der Schein-Sicherheit sitzend auf den EBM starren wie das Kaninchen auf die Schlange und immer noch von der KV als Vertreterin ihrer Interessen träumen, als wären sie kollektiv vom Stockholm-Syndrom befallen: Wacht auf! Steht auf! Holt die Mistgabeln aus dem Schuppen und stürmt die Trutzburgen, in denen sich dieses lichtscheue Gesindel verkriecht und von wo aus sie Euch behandeln wie Hofschranzen einen lästigen Hausierer! Wo sie sich tagtäglich neue Schikane ausdenken, um Euch kleinzuhalten, mutlos und erpreßbar zu machen!

Wo sie über Euer Geld, Eure Zeit, Eure Freiheit herrschen und sich schamlos bedienen an dem, was Ihr, die Leistungserbringer, Tag und Nacht erwirtschaftet! Laßt Euch endlich Eier wachsen und schafft Euch diese Pest vom Hals, bevor sie Euch noch Stechuhren an die Praxistür nageln!! …"

Nach dieser bewußt zurückhaltend formulierten Einleitung erübrigen sich weitere Überlegungen, was, außer ihrer niederen Gesinnung und ihrem üblen Charakter, die KV sonst noch zu ihren Schweinereien gegen meine Kollegen und mich getrieben haben könnte:

Im vierten Kapitel hatte ich den sogenannten „Poolarzt" erwähnt. Zum „Poolarzt" wird man durch einen schriftlichen Vertrag mit der KV, dem sogenannten „Poolarztvertrag". Was dieses Werk in der Hauptsache auszeichnet, ist sein vollkommener Mangel an juristischer Relevanz, will heißen: Der „Poolarztvertrag" rechtlich etwa so bindend, wie Blümchen auf Toilettenpapier. Eine reine „Kopfgeburt der KV", wie ein Fachanwalt für Medizinrecht es nannte. Keinesfalls geeignet, das Grundrecht der freien Berufsausübung außer Kraft zu setzen, welches mir als Ärztin mit Approbation, Berufserlaubnis und Facharztanerkennung erlaubt, alle Kollegen meines Fachgebietes zu vertreten, egal, ob in Praxis, Klinik oder im Hausärztlichen Notdienst.

Einen Vertrag mit der KV benötige ich dafür nicht. Punkt.

Genau das aber suggerierte die KV den VertragsärztInnen in ihren Informations- und Rundschreiben im Zusammenhang mit der Neuorganisation in bewußt irreführender Absicht.

In einem Rundschreiben der KV Nordrhein hieß es gar, man würde „Diensttausche mit freien Ärztinnen und Ärzten grundsätzlich nicht mehr akzeptieren".

Freie Ärzte, das sind die, die nicht daran denken, sich bei der KV als Leibeigene zu verdingen und mit ihrer Unterschrift unter einen Vertrag auf ihre Grund- und Menschenrechte zu verzichten.

Deshalb sind sie der KV traditionell ein Dorn im Glasauge. Doch endlich bot sich ihr die Möglichkeit, auch diese letzten freien Geister zu binden und ins Dunkel zu treiben.

Natürlich ging auch das nur auf rechtswidrige Weise, doch darin haben sie ja, wie erwähnt, Routine und können sich traditionell auf das Schweigen der Dämmergestalten an den Sozialgerichten zu ihren kleinen und großen Straftaten verlassen, wie Nötigung, Arglistige Täuschung, Rufmord, böswillige Verleumdung, Geschäftsschädigung, Schikane, Verstoß gegen das Grundrecht auf freie Berufsausübung, unlauteren Wettbewerb, Wettbewerbsverzerrung, irreführende Werbung und Monopolbildung – und das sind nur die Straftaten, deren sie sich allein meinen Kollegen und mir gegenüber schuldig gemacht haben! Doch wo kein Richter, da kein Henker und kann das Opfer sich das Grundgesetz an den Hut stecken.

Besonders perfide: während die KV Nordrhein ihren VertragsärztInnen kostenlos Vertreter aus dem eigenen, handverlesenen Ärztepool anbieten konnte, da im dichtbesiedelten Ruhrgebiet mit vielen Einsätzen und entsprechend attraktivem Verdienst kein Mangel an Anwärtern herrschte, mußten tauschwillige Kolleginnen und Kollegen im benachbarten Bezirk Westfalen-Lippe mit seinen dünner besiedelten Gegenden, weniger Einsätzen und entsprechend geringerem Verdienst, für einen von der KV gestellten Poolarzt mit 135 Euro pro Stunde richtig tief in die Tasche greifen.

Für einen der, üblicherweise 14 Stunden gehenden Dienste wären da satte 1540 Euro fällig gewesen.

Das erklärt zwanglos, weshalb ich einmal mit akutem Bandscheiben-vorfall, vollgepumpt mit Schmerzmitteln zum Dienst erschienen bin.

Und die KV Westfalen-Lippe verrechnete diesen Batzen noch nicht einmal mit dem Honorar, welches im jeweiligen Dienst erwirtschaftet wurde, kassierte also doppelt und dreifach.

Scham kennt man dort nicht.

Ich weiß nicht, ob es immer noch üblich ist, dem Arzt eine Geldstrafe auf-zubrummen wenn er krank wird. Weitere Recherchen in diesem Pfründenpfuhl wollte ich mir nicht mehr zumuten.

Die KV ist verpflichtet, mit diesem Geld die Notdienstpraxen, die im Rah-men der Neuorganisation teils neu eingerichtet werden mußten, mit allem Erforderlichen auszustatten. Dazu gehören auch NDP-eigene Sprechstun-denhilfen! Doch in mindestens einer Praxis in einer Klinik im Ruhrgebiet beauftragte die KV mit dieser Tätigkeit die Schwestern, die während der Öffnungszeiten der Notdienstpraxis sowieso im Klinikbetrieb beschäftigt waren. Entsprechend glänzten diese „Helferinnen" regelmäßig durch Ab-wesenheit und mußten für jeden Piß herbeitelefoniert werden. Das koste-te Zeit, also hat man als diensthabender Arzt auf diese „Unterstützung" verzichtet und somit letztlich nicht nur ihren Lohn bezahlt, sondern auch ihren Job gleich miterledigt. Ich erwähne das hier, weil das Fehlen einer eigenen Sprechstundenhilfe in besagter NDP in direktem Zusammenhang stand mit meinem unfreiwilligen Aufenthalt eine Nacht lang in der Psychi-atrie.

Diese irreführenden Rundschreiben hatten zunächst nicht den gewünsch-ten Erfolg, denn anfangs waren die neu verpflichteten Ärzte froh, wenn sie überhaupt einen Vertreter fanden und nahmen jeden von uns mit Hand-kuß.

Da mußte die KV zu drastischeren Maßnahmen greifen.

An vorderster Front im Hinterhalt besagter Bezirksstellenleiter N.:

Er setzte seine Sekretärinnen auf uns an, deren Haupttätigkeit von da an darin bestand, die Online-Diensttausch-Börse zu überwachen und, sobald ein Tausch mit einem von uns zustande gekommen war, unsere jeweiligen Auftraggeber telefonisch zu kontaktieren, sie davor zu warnen, mit uns

Geschäfte zu machen, ihnen ein paar Lügen über uns zu erzählen und so lange auf sie einzureden, bis sie ihre Dienste wieder zurücknahmen, um sich, vermutlich erfüllt von ohnmächtiger Wut, wieder auf die Suche nach einem neuen Vertreter zu machen, von denen nicht wenige damals gepfefferte Preise nahmen. Über mich behaupteten die KV Erfüllungsgehilfinnen in diesen Telefonaten, ich sei „bekanntermaßen unzuverlässig", käme regelmäßig zu spät zum Dienst und für jede Stunde, die ich zu spät käme, müßten meine Auftraggeber eine Geldstrafe in Höhe von 135 Euro an die KV bezahlen.

Ihr ultimatives Totschlagsargument jedoch lautete daß im Falle, uns unterliefe ein Behandlungsfehler, die Berufshaftpflichtversicherungen unserer Auftraggeber für den Schaden aufkommen müßten. Wenn dies hingegen einem KV-eigenen Poolarzt passiere, dann würde - so heißt es auch im Rundschreiben der KV-Nordrhein – die KV höchstpersönlich die Verantwortung dafür übernehmen.

All das war natürlich erstunken und erlogen und natürlich wußten das auch unsere Auftraggeber.

Doch mein Schicksal und das meiner Kollegen zeigte ihnen ja einmal mehr, wie schnell und völlig ungehindert die KV einen Arzt ruinieren kann, der sich „ihren Regeln nicht unterwirft" - so wörtlich in einem ihrer Rundschreiben.

Eine einzige Ärztin Frau Dr. O., hatte den Mut, mir in einer eidesstattlichen Erklärung ein solches Telefonat und seinen Inhalt zu bestätigen und sprach am Telefon ganz offen über ihre Angst vor existentiell bedrohlichen Repressalien der KV gegen sie selber, wenn sie ihre Dienste weiterhin mit mir tauschen würde.

Wer die KV hat, der braucht keine Stasi mehr.

Da alle Termine zu Beginn eines Jahres festgelegt werden, war innerhalb weniger Wochen meine gesamte Jahresplanung Makulatur, ein ganzes Jahreseinkommen futsch.

Täglich erhielt ich neue Absagen und mir wurde klar, daß ich im Einflußbereich des Bezirksstellenleiters N. nie wieder einen Auftrag bekommen würde.

Der erste Fachanwalt für Medizinrecht den ich gegen die KV um Hilfe bat weigerte sich schlicht, den Fall zu übernehmen.

Er schüttelte nur mitleidig den Kopf: „Vergessen Sie´s."

Ich rief: „Aber das können die doch nicht einfach machen!"

„Doch." erwiderte er leise „das können die. Und noch viel, viel Schlimmeres …".

Was soll ich sagen – der Mann kannte sich aus!

300 Euro kostete mich seine Information, daß KV-Vertragsärzte in Deutschland rechtlos und vogelfrei sind.

Ich fand eine andere Anwältin, die mir lediglich davon abriet, den Fall vors Sozialgericht zu bringen. „Faule Säcke" nannte sie die dort (un)tätigen Richter.

Wie recht sie damit hatte, sollte ich später noch leidvoll erfahren.

Diese Anwältin setzte unter anderem auf Tatbestände wie Wettbewerbsverzerrung und Geschäftsschädigung und formulierte als erstes eine sogenannte „Strafbewehrte Unterlassungserklärung", um die weitere Verbreitung des irreführenden Rundschreibens und die telefonischen Verleumdungen zu beenden.

Die gute Nachricht: Die Telefonate hörten auf.

Die Schlechte: Kurz, nachdem der KV die Unterlassungserklärung auf den Schreibtisch geflattert war, flatterte ein Bescheid der KV zurück. Da es ihnen ja nun bei Strafe verboten war, mich weiterhin zu verleumden, entschlossen sie sich kurzerhand, mich ganz von der Teilnahme am Hausärztlichen Notdienst auszuschließen.

Nun sollte man meinen, daß es ein paar verdammt guter Gründe braucht, um einem Arzt Arbeitsverbot zu erteilen.

Doch in meinem Fall und dem meiner Kollegen genügten auch ein paar abgefeimte Lügen in Tateinheit mit der Faulheit und Ignoranz der Richter am Sozialgericht.

Da nichts gegen uns vorlag, womit man unseren Ausschluß hätte begründen können, mußte Bezirksstellenleiter N. nach Gründen suchen. Deshalb beauftragte er jetzt auch noch die Sprechstundenhilfen der Notdienstpraxen in seinem Bezirk damit, uns zu observieren, unsere Gespräche mit den Patienten zu belauschen, die Patienten im Anschluß an die Sprechstunde auszuhorchen und der „KV-Zentrale" regelmäßig über die Ergebnisse ihrer Spionagetätigkeit Bericht zu erstatten.

Daß sie dabei das Gehörte und Gesehene möglichst verzerrt wiedergeben und allgemein das Blaue vom Himmel herunterlügen sollen, das hat Herr N. vermutlich nicht explizit von ihnen verlangt. Sowas tut die Kanaille freiwillig.

Entsprechend bewegen sich Niveau und Wahrheitsgehalt ihrer Berichte in etwa zwischen „STÜRMER" und STASI-Protokollen und was die Rechtsabteilung der KV dann daraus zusammengerührt hat beweist einmal mehr, daß den Gestalten dort nichts peinlich ist.

Noch wenige Wochen zuvor hätte ich ungläubig gelacht, wenn man mir erzählt hätte, daß in Deutschland jetzt Telefonistinnen oder Sprechstundenhilfen darüber entscheiden, ob ein Arzt seinen Beruf hier ausüben kann.

Das Lachen ist mir vergangen.

Die Rufmordkampagne gegen meine Kollegen und mich begannen, wie auf Kommando zur gleichen Zeit, die Stasi-Berichte kamen aber allesamt aus nur vier Notdienstpraxen, vier von etwa dreißig Praxen insgesamt, in denen allein ich selber in dieser Zeit auch noch tätig war, aus denen aber merkwürdigerweise keinerlei Beschwerden kamen. Auch nicht aus den Fahrdiensten, die ich damals in großer Zahl durchgeführt habe.

Wenn man die Schauergeschichten der Damen aus besagtem NDP-Quartett glauben wollte, müssen meine Kollegen und ich gleichzeitig und praktisch über Nacht zum HULK geworden sein.

Ein Blinder hätte hier die Zusammenhänge gesehen.

Nicht so die Richter.

Sie haben nichts überprüft, nicht nachgefragt, sie haben auf Zeugen aussagen und Gegenbeweise verzichtet, sie haben jeden Dreck gefressen, den die KV ihnen vorgesetzt hat und am Ende meine berufliche Existenzver-

nichtung abgenickt, ohne auch nur einen Blick in die Unterlagen zu werfen.

Faule Säcke, in der Tat. Und gewissenlos.

Es ging hier ja nicht um ein paar aufs Nachbargrundstück überhängende Kirschbaumzweige.

Im Ausschluß-Bescheid gegen mich führt die KV mehr als ein Dutzend Vorfälle auf, die so zwar nie stattgefunden hatten, den Orks vom geistigen Nebelgebirge nichtsdestotrotz „Beweis" genug waren, daß ich „keine Gewähr mehr für die zuverlässige Durchführung der Notdienste biete" und daher nicht mehr daran teilnehmen dürfe.

In diesem Bescheid behaupten die „Informellen Mitarbeiterinnen" aus besagten vier Notdienstpraxen allen Ernstes, ich hätte mit Patienten „geschmust", hätte ihnen bei Klagen über Herzbeschwerden „nicht das Herz, sondern den Bauch" abgehört und mich bei Diagnose und Therapie an ihren Sternzeichen orientiert. Von gestandenen Männern ist dort die Rede, die sich „hilfesuchend" an die Sprechstundenhilfe geklammert haben sollen, um mir nicht „allein ins Sprechzimmer folgen" zu müssen und natürlich durften auch grobe Behandlungsfehler nicht fehlen, die mir ständig unterlaufen sein sollen, so daß die Patienten mehr als einmal „nur durch das Eingreifen der Sprechstundenhilfen vor Schlimmerem" hätten bewahrt werden können.

Daß nichts davon wahr und deshalb auch auf keinem Notfallschein dokumentiert ist - wen interessiert´s?

Die Richter des Sozialgerichts jedenfalls nicht. Den Ausführungen dieser „Viererbande" zufolge hätte ich Patienten regelmäßig so in Angst und Schrecken versetzt, daß sie „weinend", „empört", „tief enttäuscht" oder unter lauten „Sowas hab ich ja noch nie erlebt!!"- Rufen aus den Praxen gestürmt seien, weil ich sie angeblich „angeschrien" oder „ausgelacht" haben soll.

Eine Mutter wird zitiert, die ihrem Sohn das von mir, am Tag zuvor verordnete Antibiotikum nicht verabreicht hatte und sich dann beklagte, es hätte nicht gewirkt (Doch! Genau so steht es dort). Selbst die Tatsache, daß eine Konsultation bei mir einmal ganze 34 Minuten gedauert hat, war ihnen Grund genug, meine fachliche Befähigung in Frage zu stellen.

Da fragt man sich doch, wer dämlicher ist: wer einen solchen Schwachsinn verzapft, oder wer ihn glaubt.

Die Sozialrichter haben ihn geglaubt.

Und wenn man dann noch liest, wie die Verfasser dieses peinlichen Pamphlets mit Geifertröpfchen auf der Oberlippe auch noch im Knacken meiner Wirbelgelenke und der Tatsache, daß ich im Notdienst Notfallhosen trug, den ultimativen Beweis dafür sahen, daß ich ungeeignet sei zum Behandeln von Husten, Heiserkeit und Hexenschuß, dann braucht es nur noch einen Vorwurf wie den, daß ich „zu einem Patienten nicht hingefahren und dann unverrichteter Dinge wieder weggefahren" sei um einmal mehr zu realisieren, daß es vielleicht kein intelligentes Leben, aber jede Menge Idioten im Universum gibt, von dem Einstein ja seinerzeit schon sagte, es und die menschliche Dummheit seien beide grenzenlos, wobei er sich nur beim Universum nicht so sicher war.

Damit nicht genug, fügte das Sozialgericht noch vorwurfsvoll hinzu, daß von besagtem Patienten „in dieser Nacht keine weiteren Anrufe mehr kamen".

Was auch daran gelegen haben mag, daß es sich bei ihm überhaupt nicht um einen Notfall gehandelt hat! Doch was ein Notfall ist das entscheiden im heutigen Deutschland offenbar nicht mehr Ärzte, sondern Telefonistinnen.

Trotzdem bin ich natürlich nach Versorgung der echten Notfälle auch zu diesem Patienten noch hingefahren. Als ich jedoch dort ankam schlief er bereits und ging weder an die Türe noch ans Telefon, also bin ich in der Tat unverrichteter Dinge wieder weggefahren.

Schuldig!!

Nach der Lektüre dieses „Malleus Maleficarum" sind erhebliche Zweifel angebracht am Geisteszustand der Sozialrichter, daß sie nicht etwa das Ansinnen der Urheber dieses wirren Werkes abgewiesen, sondern ihrem Ausschlußbegehren gegen mich stattgegeben haben.

Sie haben keinen einzigen Patienten als Zeugen geladen, keine einzige der belastenden Vorwürfe mit den Dokumentationen auf den jeweiligen Notfallscheinen verglichen und meine eigenen Schilderungen des Sachverhaltes waren diesen faulen Säcken noch nicht einmal eine Erwähnung wert. Im Gegenteil!

Hier der wörtliche Kommentar aus einem Bescheid des Sozialgerichts zu einem meiner schriftlichen Beweisstücke, einem Zettel mit Gesprächsnotizen, den ich ihnen gefaxt hatte, um bestimmte Vorwürfe zu entkräften:

„ ... *Zum Vorfall ist anzumerken, daß die Anlage 6 der Antragstellerin nicht zu lesen ist. Das ist aber auch nicht notwendig.* ...“

Ach, nein?

Na, dann - Ciao Rechtsstaat, Welcome Bananenrepublik!

Was meine Kollegen betrifft: Dr. F. hat sich erst gar nicht auf einen Rechtsstreit eingelassen, sondern verschwand gleich ins Ausland. Frau Dr. I. hat nach dem ersten verlorenen Prozeß nach 40 Jahren ganz aufgehört, als Ärztin zu arbeiten und ist bald danach gestorben.

Dr. M. wird von der KV bis heute schikaniert.

Dr. M. ist vor fast 40 Jahren aus Indien nach Deutschland gekommen, hat hier Medizin studiert und eine Familie gegründet.

In den letzten mehr als fünfundzwanzig Jahren hat er zehntausende von Patienten behandelt. Anfangs war er deshalb von der KV sehr hofiert und ebenfalls gedrängt worden, den Poolarzt-Fake-Vertrag zu unterschreiben, Doch er weigerte sich. Dafür kannte er diese Gaunerbande anscheinend schon zu gut.

Deshalb ist es der KV bisher auch nicht gelungen, ihn mit der „Kündigung" dieses „Vertrages" von der Teilnahme am Notfalldienst auszuschließen. Doch sie versuchen es bis heute, denn sie haben Zeit, sie haben Geld, sie haben kein Gewissen.

Gestartet haben sie ihren Feldzug gegen ihn kurz nachdem er seine Unterschrift verweigert hatte.

Plötzlich forderten sie ihn auf, „Fortbildungsnachweise" vorzulegen, und zwar rückwirkend bis zum Jahr 2002! Natürlich wußten sie selber ganz genau, daß er als Privatarzt dazu überhaupt nicht verpflichtet ist, denn die Nachweispflicht gilt nur für Vertragsärzte - und das auch erst seit dem Jahr 2004.

Trotzdem schickten sie Dr. M. über Monate eine Aufforderung nach der anderen, drohten ihm schließlich gar mit Geldstrafen und Disziplinarverfahren, als er immer noch keine Nachweise vorlegte.

Dr. M. mag nach jahrelanger Erfahrung im Notdienst schon an der Haustüre erkennen was einem Patienten fehlt – diesem infamen Terror hatte er nichts entgegenzusetzen. In seiner Ratlosigkeit wandte er sich an mich. Ich schrieb der KV daraufhin mit seiner Erlaubnis und unter seinem Namen ein paar Zeilen zurück.

Unter anderem drohte ich der KV darin mit einer Anzeige wegen Nötigung und Verstoßes gegen § 226 BGB, das sogenannte „Schikane-Verbot", welches *die Ausübung eines Rechts für unzulässig erklärt, wenn dies nur den Zweck haben soll, einem anderen Schaden zuzufügen"* - und siehe, das Stalking hörte auf!

Doch dann taten sie einen ganz tiefen Griff ins Klo:

Jetzt versuchten sie, seinen Ausschluß zu erwirken mit dem Argument, seine Sprachkenntnisse wären für die Behandlung deutscher Patienten nicht gut genug ...

Und ich bin sicher sie können noch tiefer sinken.

Dr. M. hat mittlerweile wahrscheinlich schon ein halbes Einfamilienhaus an Verfahrenskosten verbraten und dankenswerterweise auch einen großen Teil meiner Anwaltskosten übernommen, sonst wäre ich noch nicht einmal bis vors Sozialgericht gekommen.

Wenigstens waren die Richter so freundlich, die von der KV vorgesehene, am liebsten lebenslange Sperre auf drei Jahre zu begrenzen.

Vom Verhältnismäßigkeitsprinzip hatten sie also schon mal was gehört. Immerhin! Aber verstanden haben sie es trotzdem nicht.

Drei Jahre.

Drei Jahre Berufsverbot erteilten die Richter auch einem Arzt aus Herne, der mehrere Frauen ohne ihr Wissen in Narkose versetzt und dann vergewaltigt hat, ohne sie vorher ausführlich über Nutzen und Risiken dieses Eingriffs aufzuklären.

Dieser Wüstling muß natürlich noch ein paar Jahre ins Gefängnis, falls das Urteil rechtskräftig wird.

Ich nicht.

Nochmal Glück gehabt!

Doch wie lange noch?

Immerhin hatten sie mich ja schon zwei Mal verhaftet und eine Nacht lang in eine geschlossene Anstalt gesperrt!

Den armen Herrn Mollath gar sieben Jahre!

Sei´s drum.

Im Dritten Reich hätten sie mich ums Leben gebracht, in der ehemaligen DDR nach Bautzen, in der Türkei säße ich auch längst im Knast und so lange das so ist, mache ich mir keine Sorgen, daß mit MIR etwas nicht stimmt.

So gelang es der KV also mit der Chimäre „Poolarztvertrag" in den Köpfen der Ärzte, Anwälte und Richter jegliche Erinnerung an unsere Grundrechte auszulöschen, so rasant, wie man es sonst nur aus Geschichten von politischen Gefangenen in der ehemaligen Sowjetunion kennt, wo selbst eingefleischte Kapitalisten nach nur wenigen Wochen der Gefangenschaft, isoliert, fremder Willkür ausgeliefert, unter Schlafentzug, Dauerbeleuchtung und völliger Ungewissheit über ihr weiteres Schicksal, plötzlich begonnen haben, von den Freuden des Kommunismus zu schwärmen – und in dieser Situation auch selber daran glaubten.

Für eine Gehirnwäsche braucht es nicht viel.

Viele Kolleginnen und Kollegen mögen sich bei der Beschreibung der Verhältnisse in einem Gulag an ihre eigene Zeit als Assistenzärzte erinnert fühlen, an die einsamen nächtlichen Notdienste in ständiger Angst, ob sie auch den nächsten Notfall meistern würden, ohne einen Patienten zu beschädigen und damit ihre gesamte berufliche Zukunft zu ruinieren - damals noch mit grundsätzlich befristeten Verträgen, einer Wochenarbeitszeit von siebzig Stunden und mehr, ununterbrochenem Operieren unter dem gleißenden Licht der OP-Lampen, Schlafentzug und immer in der angstvollen Ungewißheit, ob ihr Arbeitsvertrag verlängert würde. All das in Zeiten, als deutsche Gerichte die Ausbeutung von Klinikärzten und das Recht ihrer Arbeitgeber auf deren xxxunbezahlte Überstunden in unbegrenzter Menge, bei einem Monatsgehalt von umgerechnet 900 Euro für einen Arzt im Praktikum, noch für rechtens erklärten, bis der Europäische Gerichtshof für Menschenrechte diesem Schindluder endlich ein Ende gemacht hat.

Natürlich nur formell.

In einem meiner Arbeitsverträge waren auch 2011 noch sechs 24-Stunden-Dienste im Monat vorgeschrieben. Was meist auch bedeutete, 24 Stunden am Stück nonstop unterwegs zu sein.

Dafür war die Bezahlung unter Tarif. HA! HA!

Was mögen die Gründe dafür sein, daß die Ärzteschaft sich mit ihren Forderungen nach menschenwürdigen Arbeitsverhältnissen, nach einem angemessenem Gehalt, immer erst bis zur höchsten Instanz hochklagen muß? Daß Schlafentzug bei Strafgefangenen als Foltermethode gilt, bei Ärzten aber zum Arbeitsvertrag gehört?

Wo ist Amnesty International, wenn man sie mal braucht?

Auch ich erwartete mir damals Gerechtigkeit frühestens vom Europäischen Gerichtshof, denn es ist offensichtlich, daß deutsche Richter so blind sind wie Justitia, die Dame, auf die sie sich berufen, um dem Volk zu suggerieren, der Gesetzgeber würde keinen Unterschied machen. Zum Beispiel zwischen Arm und Reich.

HA! HA! HAAAA!!

Es gibt genügend Beispiele, die beweisen, daß auch Richter in Deutschland autokorrupt und vom Selbsthelfer-Syndrom befallen sind, daß das Verhältnis zwischen Vermögen und Höhe des Strafmaßes mit statistisch signifikanter Häufigkeit ein Reziprokes ist.

Da ist es nur logisch, daß unsere Regierenden den Bossen der weltgrößten Firmen, deren Namen jeder weiß und deren nicht-gezahlte Steuern die Gesamtheit der von Otto-Normalsteuersünder hinterzogenen Steuern um ein Vielfaches übersteigen dürfte, zum Dank für ihr asoziales Gebaren gar nicht tief genug in den Hintern kriechen können.

Doch den Plan, mich bis ganz nach Oben zu klagen, gab ich bald auf. Nicht zuletzt, weil unser gemeinsamer Anwalt in allzu guter Kenntnis der finsteren Methoden der Herrschaften von Mordor und des rechtsfreien Raumes, in dem sie agieren können, uns davon abriet.

„Sie können nicht gewinnen!" versicherte er uns eindringlich. „Die werden Sie bis ans Ende der Welt verfolgen und nicht eher ruhen, als bis sie auch noch ihre Approbation verloren haben!

Was soll ich sagen – auch der Mann kannte sich aus: Einige Monate, nachdem ich längst aus dem Einflußbereich des Bezirksstellenleiters N. geflüchtet war, wurde ich auf sein Betreiben hin von der Bezirksregierung aufgefordert, mich einer psychiatrischen Begutachtung zu unterziehen, ob ich noch alle Latten am Zaun habe.

Ergebnis: habe ich. Und noch ein paar mehr, um Halunken wie N. damit das Schandmaul zu vernageln.

Drei Gutachten gibt es jetzt zu meiner Person, die über mich nicht viel aussagen, aber alles über den Geist, der hierzulande herrscht.

Andererseits - haben wir wirklich davon geträumt, die KV wieder auf den Boden von Recht und Gesetz zurückzuholen?

Wo doch selbst unsere Gesundheitsminister, einer nach dem anderen, bisher an dieser Körperschaft öffentlichen Unrechts gescheitert sind, an diesen Fürsten der Finsternis, die sich seit Jahrzehnten hemmungslos bedienen an den gigantischen Summen, die ihnen aus den Beiträgen ihrer Zwangsmitglieder und den Zwangsbeiträgen der Versicherten über die Krankenkassen Jahr für Jahr zufließen im teuersten, ineffizientesten Gesundheitssystem der Welt?

Alle reden jetzt von den 20 Milliarden, die die Kassen auf Kosten der Gesundheit ihrer Patienten gebunkert und aus dem Honorartopf der Hausärzte gestohlen haben.

Das reicht doch gerade mal, um Verwaltungskosten, Gehälter, Pensionen und Sonderzahlungen von Kassen- und KV-Vorständen für ein Quartal zu decken. Deren Apanagen und die Verwaltung dieses siechen Systems verschlingt jeden Tag fast eine Viertelmilliarde! Vier Euro an jedem einzelnen Tag von jedem einzelnen Bürger nur für obszön hohe Vorstandsgehälter und parasitäre Sesselpupser.

http://www.spiegel.de/spiegel/vorab/a-806371.html

Und was tun die dafür? NIX!!

*https://www.stern.de/wirtschaft/news/**ex-aerzte-boss-andreas-koehler--geld-fuers-nichtstun**-6835722.html*

Und wenn doch, dann endet es wieder nur damit, daß Kassenpatienten noch mehr Leistungen selber bezahlen müssen und noch ein Arzt seine Praxis verschenkt.

Und wenn dieser autistische Ein-Mann-Politiker Jens „Hartz ist die Antwort auf Armut" Spahn weiterhin mit Zynismen aus seinem Repertoire der Neuen Deutschen Unmenschlichkeit am Klimawandel hin zur sozialen Eiszeit arbeitet, von wegen „Du kannst noch protestieren? Dann kannst Du ja so arm nicht sein!" (So lautete sinngemäß sein Kommentar nach dem Treffen mit der Hartz-4-Mutter, die ihn per Petition hatte zwingen wollte, selber mal einen Monat von Hartz 4 zu leben) dann wird es wohl auch bald aus seinem Ministerium tönen: „Du gehst zu Fuß zum Arzt?

Dann kannst Du ja so krank nicht sein!"

Oder „Pflegenotstand? Die arbeiten einfach nicht genug!" Ach nein, jetzt übertreibe ich aber wirklich.

So blöde kann doch selbst ein Spahn nicht sein!

Doch, kann er:

*https://www.waz.de/politik/**jens-spahn-teilzeit-pflegekraefte-sollen-mehr-arbeiten**-id215375119.html*

Ich warte ja darauf, daß die Pflegekräfte jetzt in einer Petition fordern, ihn zu vier Wochen Arbeit im Altersheim zu verdonnern.

Wenn dieser latexüberzogene Androide in Zukunft auf dem Klo die Hosen runterläßt sollte er aufpassen, daß nicht jemand herbeispringt, das Batteriefach öffnet, die Batterien entfernt und den Rest auf dem Schrottplatz entsorgt wo schon die anderen „I Robots" vor sich hinrosten, bevor sie dieses Alpha-plus-Tier womöglich wirklich noch zum Kanzler machen in seiner schönen, neuen Welt Dystopia!

Noch ein paar Schritte weiter in diese Richtung und wir werden erleben, wie unser gewähltes Dreigestirn aus Gierig, Grün und Gaga sich für die Wiedereinführung des Galeerensklaven ausspricht als emissionsfreiem Antrieb für dieselnde Kreuzfahrtschiffe - verbessert die Luft, schafft Arbeitsplätze, senkt Personalkosten!

Und wenn die Sklaven irgendwann auf die Idee kommen, höhere Löhne zu fordern, schicken sie ihnen einfach den „riesigen Mann mit der Bestatterbrille und der Mimik einer frisch exhumierten Moorleiche", wie die ZEIT online über diesen Gesundheitsminister textete, und der ruft ihnen dann zu: „Ihr könnt noch rudern?

Dann kann´s Euch ja so schlecht nicht gehn!"

Jetzt hat uns dieser Heißsporn und Wunderwuzzi doch tatsächlich auf Twitter versprochen, den Krebs zu besiegen. Mit Sonnencreme!!

https://twitter.com/jensspahn/status/1092470918121697280?lang

Damit nicht genug, plant er als nächstes den Vorwärtssalto rückwärts durch einen quadrierten Kreis, und zwar „durch Einführung neuer EU-Regeln" die Flucht deutscher Ärzte und Pflegekräfte aus diesem Land der beschränkten Möglichkeiten einzudämmen, ohne jedoch - Achtung, Trommelwirbel! – „das Recht auf Freizügigkeit grundsätzlich in Frage zu stellen!!". Jens Spahn – Taschenspieler, Wunderheiler, Wortakrobat - gefangen im Körper einer Moorleiche ... oder wieder nur ein Niemand, der die Absicht hat, keine Mauer zu bauen? Bloß weg hier, bevor sie wieder anfangen, Republikflüchtlinge an der Grenze abzuknallen!

Denn in einem Punkt muß ich der KV zustimmen: Als Ärztin bin ich in Deutschland fehl am Platz.

Alle Ärztinnen und Ärzte mit einem Gefühl für die eigene Würde und die Würde der Patienten sind hier fehl am Platz.

Deshalb verschwinden sie ja auch einer nach dem anderen und überlassen ihre Stelle jemandem, der wiederum in seiner eigenen Heimat fehl am

Platz ist, wenn auch aus anderen Gründen. Erinnert ein wenig an die „Reise nach Jerusalem", nur nicht auf Stühlen, sondern auf dem Rücken von Menschen.

Wie erwähnt, war ich im Einflußbereich des Bezirksstellenleiters N. bald chancenlos. Deshalb mußte ich meine gerade neu eingerichtete, kleine Privatpraxis gleich wieder auflösen und die Stadt verlassen, von der man sagt, daß es dort entweder regnet oder die Glocken läuten.

Ganz ehrlich: die Glocken läuten nur hin und wieder, aber regnen tut es dort immer.

Mein Weg führte mich zunächst Richtung Baden-Württemberg, in den Machtbereich einer anderen KV.

Die hatte ihre Vertragsärzte schon von Anfang an auf das grundgesetzwidrige „Wir akzeptieren als Vertretungspartner nur Poolärzte" umprogrammiert.

Um an Aufträge zu kommen war ich also gezwungen, erneut einen Poolarztvertrag zu unterschreiben. Kein Vertragsarzt würde es jetzt mehr wagen, seine Dienste mit einem freien Arzt zu tauschen um nicht selber auf die Abschußliste der KV zu kommen.

Es kam, wie es kommen mußte: Wieder eine Auseinandersetzung mit der Sprechstundenhilfe einer Notdienstpraxis in der Stadt, die auf der Liste der wärmsten Städte Deutschlands an erster, auf der Liste der anständigsten, kooperativsten Mitarbeiterinnen jedoch an allerletzter Stelle steht. Deren Benehmen war noch infamer, noch – Verzeihung - hinterfotziger als alles, was ich davor schon erlebt hatte, weshalb mein zweiter Einsatz dort auch schon mein letzter war.

Mein Problem: ich bin nicht im Medizinbetrieb sozialisiert worden, sondern im richtigen Leben. Ich merke noch, wenn man mich wie Dreck behandelt.

Es hatte auch vorher schon Zoff zwischen verschiedenen Notdienstärzten und den Mitarbeiterinnen in diesem Bezirk gegeben, wie einer der Fahrer im Fahrdienst mir hinter vorgehaltener Hand bestätigte, nachdem er den unverschämten Ton mit anhören mußte, in dem mich eine von ihnen über

Funk abgekanzelt hat wie einen ungezogenen Köter, der auf den Teppich gepinkelt hat.

Daß diese Personen jegliches Gefühl für Respekt und Anstand verloren haben legt auch der Hinweis in einem Rundschreiben des KV- Bezirksstellenleiters aus dieser Zeit nahe. Darin versprechen sie - und zwar „aufgrund der immer lauter werdenden Klagen der diensthabenden Ärzte und Ärztinnen" über das Verhalten dieser Mitarbeiterinnen - sich noch einmal mit diesen zusammenzusetzen, um das Arbeitsklima wieder auf ein „akzeptables Niveau" zu bringen.

Trotzdem mußte nicht etwa die verschlagene Sprechstundenhilfe gehen, sondern schon wieder ich.

Der zuständige Bezirksstellenleiter S. antwortete mir auf meine geharnischte Beschwerde über deren ungehöriges Benehmen sinngemäß, die Sprechstundenhilfe hätte behauptet, es sei alles ganz anders gewesen und da er sie schon lange kenne, habe er keinen Anlaß, an ihren Worten zu zweifeln.

Soll das heißen, daß ich lüge weil er mich nicht kennt?

Also wieder das ganze Programm mit Kündigung des Poolarztvertrages und Arbeitsverbot auch in Baden-Württemberg, verbunden mit dem erneuten Verlust aller Dienste, die ich für das restliche Jahr gerade noch hatte an Land ziehen können. Wieder legte ich beim Sozialgericht Widerspruch dagegen ein, der erwartungsgemäß abgelehnt wurde und wieder verpasste ich die Widerspruchsfrist.

Also wirklich verpaßt habe ich sie diesmal nicht.

Ich hab den Widerspruch nur leider per Mail verschickt und der zuständige Sachbearbeiter, Herr R., wartete geduldig, bis die Einspruchsfrist abgelaufen war. Erst dann, genau einen Tag nach Fristende, teilte er mir mit, daß mein Einspruch abgelehnt worden sei, weil ein Einspruch per Mail nicht den rechtlichen Anforderungen genügt. Damit war auch hier der Zug für mich endgültig abgefahren.

Ohne Zweifel wußte Herr R. er, was er tat und welche Folgen es für mich haben würde. Ich hätte es ja noch verstanden, wenn es ihm irgendeinen

Benefit eingebracht hätte – Geld, Beförderung, ein Blowjob, was weiß ich. Aber einfach nur aus Schadenfreude?

Sollten solche Schreibtischtäter nicht zusammen mit dem Tausendjährigen Reich untergegangen sein?

Tausende von Ärztinnen und Ärzten, die sich, angewidert von solchen Methoden Jahr für Jahr aus der Patientenversorgung verabschieden, verwaiste Hausarztpraxen, die noch nicht einmal einer geschenkt haben will - und die Antwort der Politik?

Sollen die verbliebenen Ärzte halt länger arbeiten!

Bis einer heult!

Wer meine Schilderungen bestätigen kann oder selbst ein paar Anekdoten zum Thema aus dem Leben eines KV-Sklaven erzählen möchte, der kann sein Herz ausschütten auf whistleblowjob@t-online.de. Gerne auch anonym, was sich in Anbetracht der „mordorischen" Methoden dieser Herrschaften durchaus empfiehlt!
Die besten bösen Geschichten kommen dann in meinen Blog.
Ebenfalls ungeprüft, versprochen!

Kapitel 15

Im Reich der Schatten

Zwischenzeitlich zog ich einen lukrativen Auftrag an Land, der mir noch einmal eine finanzielle Atempause hätte verschaffen können: zwei Wochen in der Notaufnahme einer HELIOS-Klinik. Bis dahin hatte ich nur in kirchlichen Häusern gearbeitet, jetzt also erstmals in einem dieser privatisierten „Unternehmen" in denen nicht mehr nur Diagnose und Krankheitsverlauf über das therapeutische Procedere entscheiden, sondern Aktionäre und BWL-Nerds mit Taschenrechner-Implantat da, wo bei echten Menschen das Herz sitzt. Fabriken, in denen lohnabhängige Chirurgen im Akkord einer vorgegebenen Quote hinterheroperieren, die sie nur noch schaffen, wenn sie auch Eingriffe vornehmen, die nicht indiziert sind.

Juristisch handelt es sich dabei um schwere Körperverletzung, wenn der Patient es überlebt, wenn nicht um Totschlag. Nicht mehr, nicht weniger. Menschen verstümmeln für die Rendite - das ist so pervers, daß man dafür ein neues Wort erfinden müßte. Oder ein altes Wort wiederbeleben: Entartete Heilkunst. Gibt es etwas so Perverses noch in irgendeinem anderen Land? Und wer bezahlt die Folgekosten dieses kranken Tuns? Ganz sicher nicht die Aktionäre, die daran verdient haben! Ist die Zweckentfremdung unserer Zwangsbeiträge zum Zwecke der Bereicherung von Krankheitsgewinnlern nicht überhaupt verfassungswidrig?

Dieses System macht die Gesunden krank, die Kranken kränker und immer öfter stirbt einer zu früh Auch in besagter Klinik waren die Mitarbeiter längst am Ende ihrer Pflegekräfte, das Klima kalt, die Stimmung Endzeit. Woher das auch noch rührte, das sollte ich schon nach wenigen Tagen erfahren: Eines Morgens, ich war gerade aus dem Nachtdienst in mein Appartement im Personalwohnheim zurückgekehrt, klingelte das Telefon. Am anderen Ende ein Herr J., eigenanamnestisch der Klinikdirektor persönlich und hörbar am Hyperventilieren. „Wir müssen uns von Ihnen trennen!" begann er seine Rede, und das in einem Tonfall, daß ich im ersten Moment dachte ich hätte einen Patienten umgebracht!! Allein die Vorstellung läßt einen innerhalb eines Augenblicks um zwanzig Jahre altern und den Streßhormonspiegel auf Maximalwerte steigen!! Völlig entsetzt fragte ich nach dem Grund für diese fristlose Kündigung, doch Herr J. meinte, für

Erklärungen habe er keine Zeit, er müsse jetzt zu einer Besprechung. Keine Zeit ... hmm – also ich war in den vergangenen Sekunden um zwanzig Jahre älter und um etliche Euro ärmer geworden die ich so verdammt dringend gebraucht hätte, in meinen Adern zirkulierte gerade mehr Adrenalin als Blut, da wollte ich doch ein bißchen mehr „Butter bei die Fische" und ein warnender Unterton in meiner Stimme muß diesen, von allen menschlichen Regungen und zwischenmenschlichen Regeln verlassenen Humanoiden wohl davon überzeugt haben, daß es besser sei für den Weltfrieden und das Mobiliar in seinem Büro wenn er meine Frage beantworten würde, und zwar SOFORT! Also nannte er mir den Grund, verbat sich aber weiterhin jegliche Rechtfertigung meinerseits, das interessiere ihn nicht, man habe bereits Ersatz für mich und ich solle meine Sachen packen.

Was war geschehen?

Am Abend zuvor war ein mittelalter Mann mit seiner Ehefrau in der Notaufnahme erschienen wegen einem - Achtung: Schmerz in seiner Kniekehle. Der bestünde allerdings schon seit Monaten und die Ursache sei schon mehrfach ergebnislos abgeklärt worden. Ich brauchte einige Sekunden, um mich von meiner Verblüffung zu erholen, daß jemand wirklich so dreist war, mit einer solchen Beschwerde am späten Abend noch in der Notaufnahme eines Krankenhauses aufzuschlagen. Es waren halt Privatpatienten. Trotzdem blieb ich höflich und begann mit der Anamnese, zu der auch die Frage nach Vorerkrankungen gehört, doch die wurde von den Eheleuten mehrfach ausdrücklich verneint. Schließlich erhielt ich die Laborergebnisse und siehe da, der Blutzuckerspiegel war massiv erhöht und das, so vermutete ich, schon seit Monaten oder gar Jahren, vom diesem Patienten „ohne Vorerkrankungen" offenbar unbemerkt! Also interpretierte ich den Schmerz in der Kniekehle, aus der einige Jahre zuvor auch eine kleine Zyste herausoperiert worden war, jetzt als mögliche Erstmanifestation eines diabetischen Nervenschadens und empfahl den Patienten, sich zur weiteren Abklärung stationär aufnehmen zu lassen. Doch kaum hatte ich meine Verdachtsdiagnose geäußert wurden die beiden plötzlich ungehalten: Eine stationäre Aufnahme, so die Ehefrau ärgerlich, sei nicht nötig. Der Blutzucker würde regelmäßig schon vom Hausarzt kontrolliert und außerdem sei ihr Mann, dieser „Patient ohne Vorerkrankungen", nicht wegen seinem Diabetes hier, sondern wegen der Schmerzen in der Kniekehle. Da klappte mir dann doch der Kiefer runter. Da war selbst ich sprachlos. Fassungslos entgegnete ich noch, ich sei es nicht gewohnt, für ein Vorgehen lege artis angepflaumt zu werden, dann verließ ich mit wehendem Kittel das Zimmer – eine wahrlich moderate Reaktion wo die beiden eigentlich verdient hatten, daß man ihnen den Inhalt einer Bettpfanne über den Kopf schüttet! Am nächsten Tag rannten diese Schildbürger dann zum Klinikdirektor um sich über mich zu beschweren, der bestellte sich einfach einen neuen Arzt und warf mich kurzerhand raus. Es waren halt Privatpatienten. Tja, Pech für den Oberarzt der Geriatrie in diesem Hause! Dem war es nämlich just am Tag vorher gelungen, mich zu einer Festanstellung auf seiner Station zu überreden. Ein Angebot, welches ich in Anbetracht meiner zunehmend desolaten Situation glaubte, nicht ablehnen zu können. Ein Glück, daß nichts daraus geworden ist. Sonst würde auch ich heute nur noch als Schatten meiner selbst über die Klinikflure huschen und hätte vergessen, daß es einen Gott gibt. An solchen Orten gibt es auch keinen Gott mehr. *„Man kann nicht Gott dienen und dem Mammon" (Matthäus 6,24)*

Insofern bin ich heilfroh, daß er mich daran gehindert hat, mir „die Füße abzuschneiden um mir dafür ein Paar Schuhe zu kaufen". Besagter Oberarzt zuckte nur resigniert die Schultern, als ich ihm von diesem unglaublichen Vorfall erzählte. „Natürlich ist das eine Schweinerei." antwortete er „Aber wenn ich den Mund aufmache kann ich morgen auch meinen Hut nehmen. Genau wie Sie." Diese Menschen waren noch nicht einmal mehr Schatten ihrer selbst. Es waren nur noch Schatten.

Jetzt blieb mir nur noch das geringe Honorar aus der stundenweisen Tätigkeit in der Hausarztpraxis in der Stadt wo sich schließlich der fatale Haltelinienverstoß ereignete, anschließend unternahm ich noch einen letzten Versuch in Bayern und wie dieses Abenteuer endete hatte ich ja schon in den ersten Kapiteln geschildert.

Was jetzt noch fehlt ist die Episode mit meinem kurzen Aufenthalt in der Psychiatrie, dieser gespenstischen Begebenheit, als ich von einer Sekunde auf die andere meiner Freiheit und körperlichen Unversehrtheit, meiner Grund- und Persönlichkeitsrechte beraubt wurde und von da an der Willkür von Anhängern eines pseudowissenschaftlichen Aberglaubens ausgeliefert war, deren Methode ganz offensichtlich noch nicht einmal geeignet sind, einen gesunden, intelligenten Mann von einem durchgedrehten Paranoiker zu unterscheiden. Wer dieser Spezies in die Hände fällt dem bleibt nur noch Beten. Fragen Sie Herrn Mollath. Fragen Sie die anderen Opfer. Lesen Sie deren Bücher.

Oder lieber nicht, wenn sie weiterhin ruhig schlafen wollen ...

One flew east,
One flew west,
One flew over the cuckoo's nest

Kapitel 16

Kafka happens!

Es geschah an einem Abend im Juni 2014, das Kesseltreiben der KV gegen uns war schon in vollem Gange, da machte ich mich auf den Weg zu einem Dienst in der Notdienstpraxis an einer Klinik im Ruhrgebiet, den Dr. M. mir noch unter der Hand verschafft hatte. Als ich dort gegen 18 Uhr eintraf fand ich niemanden vor, keine Patienten, keine Sprechstundenhilfe. Auch der Bereich hinter dem Sprechzimmer, wo sich weitere Behandlungsräume befinden, war menschenleer.

Da ich noch Schreibkram zu erledigen hatte hinterließ ich gut sichtbar eine Notiz mit meiner Telefonnummer auf dem Schreibtisch und ging zurück zu meinem Auto, keine 200 Meter entfernt.

Nach einer Weile ohne jeden Anruf wurde ich jedoch unruhig und begab mich wieder zurück in die Praxis. Tatsächlich hatten sich dort schon mehrere Patienten eingefunden und warteten auf den Arzt, während die Ärztin draußen saß und auf Patienten wartete.

Nur die Sprechstundenhilfe fehlte immer noch.

Entsprechend ungehalten machte ich mich im Bereich hinter dem Sprechzimmer auf die Suche nach ihr. Dort hielten sich jetzt mehrere Personen auf, überwiegend Ärzte und Pflegepersonal. In der Hoffnung, daß auch sie sich darunter befand, richtete ich das Wort pauschal an alle Anwesenden mit der Frage, wo sie bleibe und warum mir niemand Bescheid gesagt habe.

Tatsächlich löste sich eine Schwester aus der Menge, kam auf mich zu und ich dachte noch, na, wunderbar, dann können wir ja endlich loslegen, doch stattdessen schnauzte sie mich an, was mir einfiele, „hier so einen Aufstand zu machen!"

Nicht gerade der Text, den ich erwartet hatte!

Erschrocken und empört gleichermaßen gab ich daher etwas ähnlich Ruppiges zurück, da stürzte sie sich auf mich, versetzte mir einen Schlag und gab mir einen Schubs, daß ich ins angrenzende Zimmer taumelte.

Wie ich später erfuhr, handelte es sich um meine Sprechstundenhilfe. Um weiteren möglichen Angriffen zu entgehen entfernte ich mich um mehr als eine Armlänge und rief von außerhalb die Polizei an. Nicht wegen der Tätlichkeit an sich. Körperliche Attacken hatte es vorher schon gegeben. Die heutigen Arbeitsbedingungen lassen keine Zeit mehr für Höflichkeiten, da darf man nicht empfindlich sein. Ich wollte den Vorfall lediglich von einer objektiven Instanz protokollieren lassen, denn es war klar, daß Bezirksstellenleiter N. mir sonst den nächsten Strick daraus drehen würde.

Das rüpelhafte Benehmen der Sprechstundenhilfe läßt im Übrigen darauf schließen, daß auch sie schon von ihm und seinen Informellen Mitarbeiterinnen gegen mich in Stellung gebracht worden war. Zu wissen, daß jemand bei den „Oberen" auf der Abschußliste steht senkt ja bekanntlich die Hemmschwelle im Hirnstamm, wo das Tier im Menschen schon mit den Hufen scharrt und auf ein Opfer wartet, an dem es seinen aufgestauten Frust auslassen kann.

Nach einiger Zeit kam ich in Begleitung von zwei Polizisten zurück und verlangte, die übergriffige Schwester zu sprechen. Die Zahl der Anwesenden im Bereich hinter dem Sprechzimmer hatte sich mittlerweile erhöht. Jetzt befanden sich darunter auch Personen, die nicht Zeugen des vorangegangenen Ereignisses gewesen waren, aber nichtsdestotrotz einmütig Partei gegen mich ergriffen und sich eifrig an der darauffolgenden, erregten Diskussion beteiligten. Eine Weile ging es zu wie auf einem italienischen Marktplatz beim Streit um die Frage, wer im Dorf die beste Pizza backt. Die übergriffige Schwester selber war verschwunden. Auch Dr. M. hat sie seither nie mehr wiedergesehen.

Während ich mich noch gegen die vielstimmigen Vorwürfe von allen Seiten verteidigte dachte ich schon fieberhaft über einen Ausweg aus dieser peinlichen Situation nach, schließlich warteten draußen immer noch Patienten.

Dann geschah etwas ganz und gar Unfaßbares: Plötzlich kam ein Arzt auf mich zu und kündigte an, er würde mir jetzt Blut abnehmen, ich sei ja offensichtlich verwirrt.

Äh ...

HÄ?!?

Hatte der arme Mann den Verstand verloren? War er vielleicht überarbeitet? Stand er vielleicht unter Drogen?? Die Dunkelziffer unter Ärzten ist ja bekanntlich hoch! Ich blickte auf das Namensschild des offensichtlich verwirrten Kollegen, einem Dr. A., sah ihm fest in die Augen, sprach ihn laut und deutlich mit seinem Namen an und teilte ihm in einfachen Worten, jede Silbe betonend mit, daß eine Blutabnahme gegen meinen Willen und ohne richterliche Anordnung den Tatbestand der Körperverletzung erfüllen und ich sie nicht zulassen würde.

Doch meine Botschaft erreichte ihn nicht mehr. Er war im Rausch. Dann, so Dr. A. bockig, würde er die Blutabnahme eben mit Hilfe der Polizei erzwingen. Eine Straftat mit Polizeigewalt durchsetzen? Oh, oh ...

Zur Erklärung: Damals glaubte ich noch, das hier wäre ein Rechtsstaat, deshalb erwartete ich, daß die beiden Ordnungshüter Dr. A. rasch von seinem Trip runterholen würden und wir endlich zur Tagesordnung übergehen konnten.

Doch zu meinem blanken Entsetzen machten diese stattdessen einen Satz auf mich zu – und im nächsten Moment war ich verhaftet. Von da an begleiteten sie jeden einzelnen meiner Schritte und ließen mich nicht mehr aus den Augen. Ich bin sicher: hätte ich versucht, wegzulaufen, sie hätten ihre Waffen gezogen und mir in die Beine geschossen. Oder in den Rücken.

Bleich vor Angst kramte ich das Smartphone aus der Tasche um meinen Sohn anzurufen. Er ist in meiner Vorsorgevollmacht als Betreuer eingetragen. Ihn hätten sie zwingend kontaktieren und mich ihm übergeben müssen, wenn ich wirklich nicht mehr bei Verstand gewesen wäre. So sagen es die Gesetze. Doch die Polizisten machten Anstalten, mir auch noch das Handy wegzunehmen.

„Anrufen", so meinten sie, „könne ich später noch". Irritiert schaute ich mich um. Bestimmt würde doch gleich irgendwo das „Versteckte Kamera"-

Logo aufblitzen, ein weizenblonder Fex würde aus dem Medikamenten-schrank herausspringen wie's Teufelchen aus der Schachtel, alle würden mir lachend gratulieren und ein paar Monate später würden wir dann in der gleichnamigen Sendung auf dem Sofa sitzen und uns zusammen mit den Zuschauern vor Vergnügen auf die Schenkel klopfen.

Doch da waren keine Zuschauer.

Nur Schaulustige, in deren Augen die Sensationsgier glitzerte. Da ich mich mit der Psychologie des Massenwahns ein wenig auskenne realisierte ich sofort in welcher Gefahr ich mich befand. Es war vollkommen klar, daß mich jetzt nichts und niemand mehr davor bewahren würde, in hohem Bogen übers Kuckucksnest zu fliegen. Von jetzt an würde jegliche Gegen-wehr, jeder Protest meinerseits den Umstehenden und den Polizeibeam-ten nur willkommenen Anlaß liefern, die Maßnahmen, die erst noch folgen sollten, im Nachhinein zu rechtfertigen. Also wehrte ich mich nicht, um nicht womöglich noch eine Anzeige wegen „Widerstands gegen die Staats-gewalt" zu kassieren.

Flankiert von den beiden Polizisten und gefolgt von den übrigen Anwesen-den - jetzt ein johlender Mob, der meinen Kopf forderte - bugsierte man mich in einen der Behandlungsräume, wo Dr. A. mit der Blutabnahme seine erste Straftat an diesem Abend beging. Ich beobachtete ihn dabei, wie er zitterte, wie sich Schweißtropfen auf seiner Stirn bildeten. Er ahnte wohl, daß das kein gutes Ende nehmen konnte, hatte aber keine Ahnung, wie er jetzt noch ohne Gesichtsverlust aus dieser Nummer rauskommen sollte.

Also ergriff er die Flucht nach vorn und verkündete, jetzt auch noch ein Computertomogramm meines Schädels anfertigen zu lassen, begründete auch diese Entscheidung mit meiner angeblichen Verwirrtheit und drohte erneut, auch diese Untersuchung notfalls mit Polizeigewalt zu erzwingen – eine absurde Vorstellung nebenbei, wenn man weiß, wie ein CT abläuft und weiteres Indiz dafür, daß Dr. A. nicht mehr bei Sinnen gewesen sein konnte. Zur Information: die radioaktive Strahlenbelastung durch ein CT ist so hoch, die möglichen Folgen für die Gesundheit so fatal, daß unser Straf-gesetzbuch seine Durchführung ohne Indikation juristisch als „Gefährliche Körperverletzung" gemäß §§ 223/224 einstuft. Trotzdem wehrte ich mich aus den eben genannten Gründen auch gegen diese Maßnahme nicht und laufe seither halt mit einem erhöhten Krebsrisiko herum.

Da Dr. A. weder die erforderliche Fachkunde besaß noch eine Indikation für ein CT vorlag, beging er damit seine zweite, jetzt schwere Straftat an diesem Abend.

Doch aller guten Dinge sind drei muß er sich wohl gedacht haben und fügte dem Ganzen jetzt auch noch eine Freiheitsberaubung hinzu, indem er auf der Basis des sogenannten „PsychKG", dem „Gesetz über Hilfen und Schutzmaßnahmen bei psychischen Krankheiten", meine Zwangseinweisung in die nächstgelegene Psychiatrie verfügte, eine Maßnahme, die nur angewandt werden darf, wenn von einer Person eine erhebliche Gefahr für Leib und Leben ausgeht oder wenn von ihr eine schwere Straftat zu erwarten ist. Doch auch die Vertreterin des Ordnungsamtes, die zu diesem Zweck hinzugerufen werden mußte, war über die Rechtslage offenbar nicht im Bilde, auch ihr fiel das vollkommene Fehlen jeglicher Auffälligkeit bei mir nicht auf, auch sie fragte nicht nach Angehörigen oder einer Vorsorgevollmacht, sie hat noch nicht einmal ein Wort mit mir gewechselt, sondern die Einweisung einfach nur abgenickt.

So wurde ich also von nicht weniger als vier Polizisten – zwei waren aufgrund des Schichtwechsels später noch hinzugekommen – abgeführt, in einen Rettungswagen verfrachtet und in die nächstgelegene Psychiatrische Klinik transportiert.

Vom Zeitpunkt meiner Festnahme bis zur Freilassung am nächsten Tag hat übrigens kein einziger der beteiligten Ärzte irgendwelche psychiatrische Diagnostik durchgeführt, nicht eine einzige Untersuchung, um meinen Geisteszustand zu überprüfen. Im Entlassungsbericht heißt es dann, eine Untersuchung sei bei mir „nicht möglich" gewesen. Nach den vorangegangenen Straftaten, kam es wohl auf Lüge mehr oder weniger auch nicht mehr an. Sehr gründlich untersucht wurde hingegen meine Tasche. Darin fanden sie ein paar alte Tilidin- und Diclofenac-Tabletten, Restbestände aus der schmerztherapeutischen Behandlung des bereits erwähnten Bandscheibenvorfalles wenige Monate zuvor. Die Tilidin-Tabletten wurden konfisziert - und tauchten im Entlassungsbericht als „Opiatabhängigkeit" wieder auf. Im Austausch bot man mir eine Tablette Lorazepam an, ein Wirkstoff aus der Gruppe der Benzodiazepine, bekannt und gefürchtet wegen seinem hohen Abhängigkeitspotential schon bei geringer Dosierung und kurzfristiger Einnahme.

Doch da ich inzwischen ausreichend traumatisiert war griff ich dankbar zu. Es folgte die dunkelste Nacht meiner Seele.

Die Amtsrichterin, die am nächsten Vormittag eintraf erkannte glücklicherweise, wer hier nicht ganz richtig tickte und befreite mich wieder.

Der Entlassungsbericht der Psychiater liefert dann eine wahrhaft eindrucksvolle Vielfalt an Diagnosen, Befunden und Symptomen praktisch aus dem gesamten psychiatrischen Spektrum, über besagte Opiatabhängigkeit bis hin zu Begrifflichkeiten aus dem Formenkreis der Schizophrenie und des Wahns: „umständliches Denken" und „Einengung des Denkens" wollte man festgestellt haben, „Grübelneigung", „Gedankendrängen", „Affektlabilität" – sogar ein ADHS war im Spiel! Was man halt so sieht, wenn man die Welt durch rosarote Glasaugen betrachtet und eine Fülle, die umso mehr erstaunt, als eine Untersuchung bei mir ja angeblich gar nicht möglich war! Oder sollte die Grundlage für dieses Symptomen-Sammelsurium vielleicht das kaum halbstündige Gespräch in Gegenwart der Amtsrichterin am nächsten Tag gewesen sein?

Als ich dort saß wie ein gefangenes Tier, halb wahnsinnig vor Angst, daß ich jetzt womöglich auch für Jahre weggesperrt würde wie Herr Mollath? Doch ich hatte Glück. Mir boten sie zum Schluß nur eine stationäre Therapie an, konnten mir jedoch die Frage, welche Krankheit sie denn bei mir behandeln wollten, nicht beantworten. Schließlich geleitete eine Schwester mich zum Ausgang, erklärte mich noch schnell für „fahruntauglich" und schob mich zur Türe hinaus. Zurück in die Vogelfreiheit. Natürlich war dieser Vorfall für Bezirksstellenleiter N. ein gefundenes Fressen und Anlaß, bei der Bezirksregierung die in Kapitel 14 erwähnte psychiatrische Begutachtung zu beantragen, da „Zweifel an meiner beruflichen Eignung aufgekommen" seien. Also an meiner Eignung. Nicht etwa an der meiner Kollegen. In der darauffolgenden Zeit unternahm ich mehrere Versuche einer vernünftigen Aufarbeitung dieses Horrorerlebnisses mit den Ärzten der beiden Kliniken. Zunächst im Gespräch, dann schriftlich, dann über einen Schiedsmann.

Es lag nicht in meinem Interesse, jemandem Schwierigkeiten zu machen. Ich wollte nur und bestehe weiterhin darauf, daß sämtliche Akten und Einträge zu diesem Vorfall in beiden Kliniken vollständig gelöscht werden und daß das Polizeiprotokoll um die Information ergänzt wird, daß es sich bei diesem Vorfall um ein bedauerliches Mißverständnis handelte, so daß es mir in Zukunft nicht womöglich nochmal zum Verhängnis wird. Und ich wollte eine Entschuldigung. Denn eine solche könnte mein Krebsrisiko wieder auf Normalmaß reduzieren. Doch der Schiedsmann fühlte sich nicht zuständig und die beiden Kliniken hüllten sich in Schweigen. Dann erst habe ich Anzeige erstattet wegen Gefährlicher Körperverletzung und Freiheitsberaubung. Ich hatte Zeugen – darunter 4 Polizisten und etliche Patienten, die vom Wartebereich auch einiges mitbekommen haben muß-ten - ich hatte Beweise und laut einem Beschluß des Bundesverfassungs-gerichts besteht

*(...) Anspruch auf eine effektive Strafverfolgung und kann ein Tätigwerden des Staates und seiner Organe verlangt werden, wenn der Einzelne nicht in der Lage ist, erhebliche Straftaten gegen seine höchstpersönlichen Rechts-güter – Leben, **körperliche Unversehrtheit**, (...) **und Freiheit der Person** – abzuwehren (...)*

Da sollte doch, so dachte ich, einem „fairen Verfahren" im Sinne der Euro-päischen Menschenrechtskonvention nichts mehr im Wege stehen, oder?

Ach, ich Dummerle ...

Der zuständige Staatsanwalt, Herr F., stellte das Verfahren ein. Er habe, so schreibt er in seiner Begründung, mit meinen Gegnern gesprochen und die hätten gesagt, es sei alles ganz anders gewesen, außerdem hätte ich allen Maßnahmen zugestimmt. Ach so. Dann glaubt also Herr F., der immerhin ein Einser-NC-Fach studiert hat, allen Ernstes, daß eine Ärztin, die gerade fröhlich pfeifend zum Dienst erschienen ist, sich im nächsten Moment freiwillig verhaften und radioaktiv verstrahlen läßt, um anschließend noch ihrer eigenen Zwangseinweisung zuzustimmen?

Und dieser gutgläubige Staatsanwalt, der sogar einen Doktortitel hat, dachte nicht einmal eine Sekunde darüber nach, warum bei so viel Freiwil-ligkeit eine Zwangseinweisung dann überhaupt nötig war? Der Einstellungsbescheid dieses einfältigen – oder korrupten – Staatsanwalts, Herrn F., hat mich nicht mehr erreicht.

Ich war schon auf der Flucht quer durch Deutschland und hatte auch lange nicht die Kraft, mich mit diesem traumatischen Erlebnis noch einmal auseinanderzusetzen. Deshalb wandte ich mich erst jetzt, fast fünf Jahre später, erneut an die Staatsanwaltschaft mit der Frage, was aus meiner Anzeige geworden ist. Die schickte mir daraufhin eine Kopie des damaligen Ablehnungsbescheides zu.

Drei Mal habe ich seither gegen die Einstellung des Verfahrens protestiert und die Wiederaufnahme verlangt, insbesondere deshalb, weil ein hierzulande abgeschlossenes Gerichtsverfahren Grundvoraussetzung ist, einen Fall überhaupt vor den EU-Gerichtshof für Menschenrechte bringen zu können.

Aber finde mal einen Anwalt, der für ein Vergelt's Gott einen Kampf mit ungewissem Ausgang gegen die Windmühlen - na, Sie wissen schon.

Aber mal ehrlich - hatte ich etwas anderes erwartet? Nach allem, was mir in den vergangenen Jahren widerfahren war?

Nein. Ich bin ja kein Dummerle. Ich wollte es nur schwarz auf weiß.

ABGESANG

Ich jedenfalls habe keine Zukunft mehr in diesem Ex-Land der Dichter und Denker, mit seinem unermüdlichen Streben nach der perfekten Mittelmäßigkeit, in dieser von roten Zahlen, schwarzen Kassen und grüner Zwiebackmentalität beherrschten Mischung aus Saftladen, Polizeistaat und Bananenrepublik, in der ein Bill Gates als Tellerwäscher geendet hätte und in der das D nur noch für Dumm steht. Oder für ...

Drum ade, Du mein lieb Heimatland
Du jagst mich fort zum fremden Strand,
lieb Heimatland, oh weh ...

Denk ich an Deutschland in der Nacht,
dann bin ich um den Schlaf gebracht.
Wo sind sie hin, Deine Dichter und Denker?
Die haben noch im Dunkeln die Augen zugemacht.

„Verbrüht" Dein Glanz, verwest Dein Glück
und ich komm auch nicht mehr zurück.

Dir bleiben ja noch Deine Richter und Henker,
Politiker und Banker,
VW und andere Betrüger.

Und Sami A.
HA! HA!

Licht aus und Gute Nacht, mein Land.
Du warst auch hinterher nicht klüger.

http://www.spiegel.de/spiegel/**kassenaerzte-im-sumpf-der-intrigen**

https://www.kma-online.de/aktuelles/panorama/detail/**kv-berlin-erbitterte-kaempfe-ueble-beschimpfungen**-a-29276

https://www.univadis.de/viewarticle/**ex-kbv-chef-falschaussage-vor-gericht**

https://www.univadis.de/viewarticle/**im-namen-des-volkes-ex-kbv-chef-koehler-verurteilt**

https://www.univadis.de/viewarticle/**spionage-in-der-kbv**

https://www.tagesspiegel.de/wirtschaft/gesundheit-transparency-**milliarden-schaeden-durch-korruption**

https://www.aerztezeitung.de/politik_gesellschaft/berufspolitik/article/53 6118/bayern-plant-zerschlagung-des-kv-monopols.html

https://www.aerztezeitung.de/politik_gesellschaft/article/536093/**ende-des-kv-monopols-freiheit-Aerzte**.html

http://www.deutschlandfunk.de/**kassenaerztliche-bundesvereinigung-es-droht-die.zwangsverwaltung**

https://www.welt.de/wirtschaft/article144512077/**So-leidet-Deutschland-unter-dem-Aerzte-Kartell**.

http://www.medizin-edv.de/modules/AMS/article.php?storyid=3387 **KBV verunsichert Medizin-IT-Anbieter Schieflage beim Wettbewerb, brisanter Interessenkonflikt**

*https://www.nokzeit.de/2013/03/04/***harsche-kritik-an-der-kassenaerztlichen-vereinigung/**

Judith Panther stellt uns in ihrem zweiten Buch ein bisher noch nicht dage-
wesenes literarisches Konzept vor:
Eine Sammlung von Links zu Artikeln
über verschiedene, alphabetisch an-
geordnete Themen, die Deutschland in
letzter Zeit bewegt haben, ergänzt mit
einer Auswahl der witzigsten, interes-
santesten oder absurdesten Kommen-
tare, die die Besucher der verschiedenen Seiten dazu ins Netz getackert
haben und denen eines gemeinsam ist:
Politische Inkorrektheit bis zum An-
schlag und der unbedingte Wille, "den
medialen Berufshetzern der Leit-
medien, den Öffentlich `Rechtswidri-
gen´ Sendern und den Gesinnungsterroristen von der `cancel culture´ eins in
die Fresse zu geben". Über A wie AFD,
"der Partei, deren Vertreter behaup-
ten, unsere Probleme seien einfach zu lösen und die ihre Popularität den Vertretern der anderen Parteien verdankt, die behaupten, es gäbe diese Probleme
nicht", über B wie BUNDESTAG, dieser "unglaublichen Alkoholiker-Versammlung
von politischen Halbleichen bis Leichen, die dort auf ihren Kabinettsposten her-
ummodern und teilweise ganz ordinär nach Schnaps stinken" (Joschka Fischer)
und M wie MERKEL, "der Krähe, die allen anderen die Augen aushackt mit Herz
aus Granit und Seele aus Senfgas", weiter über eine kleine Sammlung von V wie
VIRUSWITZEN bis hin zu dem rührenden Nachruf auf die mittlerweile geschlosse-
nen Kommentarseiten von Y wie YAHOO, dieser "Speakers Corner für die Mühse-
ligen und Geladenen", die jetzt als letzte Bastion der Hass- und Hetzejäger unter
den Meinungsfreien auch der Z wie ZENSUR zum Opfer gefallen ist, die offenbar
ganz vergessen hat, daß es so etwas wie sie in einer Demokratie doch gar nicht
gibt. Diese handverlesene Auswahl von STICHELWORTEN FÜR ALPHABETEN ist
eine überaus belebende Lektüre für die kleinen Pausen zwischen Mundschutz,
Maulkorb und mainstream-medialer Monotonie. Aber lachen Sie selber ...

Judith Panther
Merkel hat fertig
ISBN 978-3-7526-2507-3
15,- Euro